曼德拉

漫漫自由路

Madiba A-Z

The Many Faces of Nelson Mandela

南非国父不为人知的多面人生

[美] 丹尼·谢克特（Danny Schechter）◎著
潘丽君　任小红　张　琨◎译

廣東省出版集團
广东人民出版社
·广州·

图书在版编目（CIP）数据

曼德拉：漫漫自由路/（美）丹尼·谢克特著；潘丽君，任小红，张琨译.—广州：广东人民出版社，2013.12

ISBN 978-7-218-09177-8

Ⅰ.①曼… Ⅱ.①丹… ②潘…③任…④张…Ⅲ.①曼德拉，N.（1918～2013）－自传 Ⅳ.①K834.787=5

中国版本图书馆CIP数据核字（2014）第289190号

Madiba A to Z: The many faces of Nelson Mandela by Danny Schechter

Mandela: manman ziyoulu

曼德拉：漫漫自由路

[美] 丹尼·谢克特 著　潘丽君 任小红 张琨 译

出 版 人：曾　莹

策　　划：中资海派
执行策划：黄　河　桂　林
责任编辑：肖风华　梁　茵
特约编辑：刘雪娇　梁桂芳
版式设计：张　英
封面设计：红杉林文化

出版发行：广东人民出版社
地　　址：广州市大沙头四马路10号（邮政编码：510102）
电　　话：(020) 83798714（总编室）
传　　真：(020) 83780199
网　　址：http：//www. gdpph. com
印　　刷：深圳市福圣印刷有限公司
书　　号：ISBN 978-7-218-09177-8
开　　本：787mm × 1092mm　1/16
印　　张：16
字　　数：207千
版　　次：2013年12月第1版　　2013年12月第1次印刷
定　　价：38.00元

如发现印装质量问题，影响阅读，请与出版社（020-83795749）**联系调换。**
售书热线：（020）83795240　**邮　购：**（020）83781421

献给那些为自由付出生命的勇士

以及仍在为自由而战的斗士

权威推荐 MANDELA LONG WALK TO FREEDOM

美国总统　奥巴马

我们深受感动，曾有一个拥有如此勇气的人，面对不公而毫不示弱。世界应该感谢这位罗本岛的英雄，他提醒我们，没有任何牢狱能束缚人类的精神。

美国著名黑人运动领袖　杰西·杰克逊

众所周知，丹尼·谢克特将其毕生精力投入到南非的解放运动中，令人十分敬佩。他对纳尔逊·曼德拉的理解深刻，本书揭示了许多不为人知的故事和独特的见解。

南非前情报部部长、武装斗争前指挥官　隆尼·卡斯里尔斯

丹尼·谢克特积极投身黑人民权运动，他经历了自由道路上的各种困境与光明，赢得了广泛赞誉。50多年来，他作为一个富有洞见的作家、记者、评论家以及电影制片人，为自由事业作出了巨大的贡献。他是一位懂得像局内人一样思考的局外人。《曼德拉：漫漫自由路》用诙谐幽默的笔调以及深厚的人文关怀，为我们呈现了一个真实的曼德拉。

美国有线电视新闻网（CNN）及美国全国公共电台 (NPR) 著名记者、黑人运动积极分子　夏莱恩·高尔特

丹尼·谢克特帮助曼德拉点亮了通往自由的漫漫长路。没人比他更了解那些曾经在那条路上遭遇挑战、赢得胜利以及面对各种复杂情况的斗士。《曼德拉：漫漫自由路》是安南特辛的同名电影新作的参考指南，该电影改编自曼德拉的自传《勇者曼德拉自传》，每个心怀自由的人都应该读读这本书。

美国公共电视（PBS）著名记者　比尔·莫耶斯

本书视角独特，让人耳目一新。书中呈现的曼德拉比我所知道的要细致，更加令人敬佩，这是一个你想要了解的人。丹尼·谢克特富有创造性的写作手法，呈现了曼德拉复杂的多面性格，为我们带来了极大的惊喜。

电影《曼德拉：漫漫自由路》姆贝基饰演者　法纳·莫科纳

我认为，纳尔逊·曼德拉就像南非的一面镜子，他折射出了改变本身的真谛。

目　录

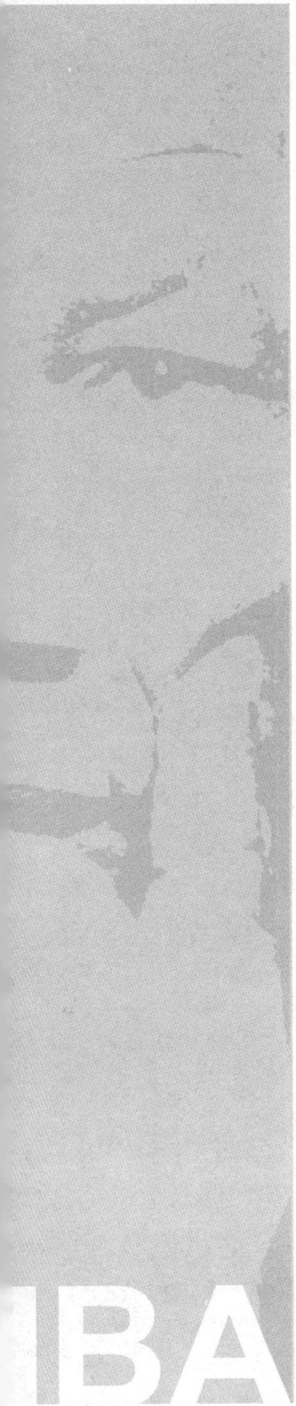
IBA

IBA

前　言

电影背后的艰辛故事

在我们南非德班的视频视觉办公室里有12张纪念纳尔逊·曼德拉的大型彩色照片，每一张都为我们认识这位传奇人物提供了一个独特视角。南非人大多亲切地以族名称呼他——马迪巴，本人万分荣幸竟能与这位“民族之矛”（MK）领袖成为朋友。

有一张照片中的曼德拉笑逐颜开，甚至可以说是毫无顾忌地大声笑谈，与官方照片中不苟言笑的严肃模样判若两人。另一张照片只拍到了他的背影，当时他正面对着一群男孩发表演讲，听众们大多是白人，都在聚精会神地聆听着曼德拉的讲话。还有一张怀旧的老照片定格了他当时的妻子——正处于风华绝代的温妮凝视一张曼德拉年轻时照片的神情，那张照片里的曼德拉面带微笑、衣冠楚楚，留着20世纪50年代特有的发型，摆出他的招牌姿势。

这12张照片完整地呈现了这个男人的众多方面，他曾是世界上最著名的政治犯，但因为南非的种族隔离政策，他的照片一直被禁止传播，所以有很长一段时间我们无法目睹其风采。曼德拉本人也不愿让他的敌人，甚至包括他朋友，过多地窥视他的感情生活。这种铁一般的清规戒律让他得以熬过残酷的铁窗岁月，但为了让梦想得以延续，他却不得不直视自己的“内心”。16 年来，有个想法一直在我脑海中挥之不去——把曼德拉的故事搬上大荧幕，让所有人都了解他传奇的一生，也让人们记住他那段非凡的旅程。曼德拉的自传《勇者曼德拉自传》（*Long Walk to Freedom*）真切地记录了他跌宕起伏的一生。这部传记在他身陷囹圄之时起笔，直到获释出狱几十年后，才最终完成。我想向世界呈现一部我们可以为之骄傲的电影，一部真实且公正展现曼德拉对南非乃至世界所做贡献的电影。

我坚信应该由南非人自己来向世界讲述这个独特的南非故事，但在征求曼德拉本人的意愿时，我仍不免心怀惴惴。他起初迟疑怎么会有人对记录他人生经历的电影感兴趣，但仍慷慨地将版权交给了我们，我当时有些受宠若惊。这就是他的谦逊和信仰。

制作这部电影本身就是长路漫漫。我事先并未想到过程竟会如此漫长。但当我们在处理像《曼德拉：漫漫自由路》（*Mandela: Long Walk to Freedom*）这样一部复杂的电影时，总会苛求尽善尽美，不敢草率，我们希望最终的视觉呈现不会亵渎这位伟人的一生。这无疑是一场艰苦卓绝的战役。15 年中，我们的电影剧本数易其稿，前后大约经历了 55 个不同版本，才最终定稿。在制作这样一部鸿篇巨著时，精雕细琢，以至于不断推翻之前的剧本。

经过多年的打磨，我们组建了一支比最初预想的实力更为强劲的团队；我们众志成城，电影的反响也比我们设想得更好。

我们竭力用一种独特方式讲述故事，希望它兼具信息量与娱乐性，不是一板一眼的纪录片，而是一部戏剧，可以让已经被曼德拉的勇气和坚毅所折服的电影观众还能更多地了解他的痛苦和牺牲。我有幸邀请到了著名编剧威廉姆·尼克尔森为我们撰写剧本。威廉的许多作品都深受观众喜爱，如广为人知的《角斗士》（*Gladiator*）和《悲惨世界》（*Les Misérables*）等，在此不一一赘举。他还曾与我一起合作《奔向骄阳》（*Sarafina*），此次能与他再度联袂，倍感亲切。

我们的首要任务是深入了解曼德拉漫长一生的各个细节。幸运的是，我们拥有他那本畅销自传作为蓝本。我们查阅了大量关于他的书籍资料，观看了许多相关电影，还采访了众多熟悉他的人。他创建的纳尔逊·曼德拉纪念中心搜集了大量文献资料，感谢他们对我们的全力支持。多年来，我们的调研工作几乎触及了方方面面。我们像学者或像勇敢的拓荒者那样，在知识的海洋（有时甚至是尘封的资料）中潜心研究，就为了探寻最佳途径讲好这个故事。我们不希望成稿像博士论文那样充满学究气，而是想通过梳理他的人生脉络、透过他身上的种种矛盾和冲突，让整个故事“鲜活”起来，让电影既不脱离现实又具有观赏性。

伊德瑞斯·艾尔巴在剧中饰演曼德拉，娜奥米·哈里斯饰演曼德拉的前妻温妮，众位演员的倾情演绎。我们相信，影片的效果已经实现了我们当初认为的“不可能完成的目标”。我们放眼世界，寻找年轻的知名国际影星参与创作，希望能借他们的号召力引来大批观众，特别是世界各地的年轻观众。当然，我们也邀请了南非顶级演员前来助阵，招募了 7 000 多名临时演员，聘请了一流的服装、造型和道具团队。我们还有技艺精湛的美术指导对本剧横跨 20 世纪 20 年代至 90 年代的布景和人物造型进行严格把关。

曾担任《另一个波琳家的女孩》（*The Other Boleyn Girl*）和《一年级生》（*The First Grader*）等影片导演的贾斯汀·查德维克亲自执导该片，他朝气蓬勃、富有激情，在 80 多天里不辞辛劳地奔忙于南非各地，拍摄实景。观众将会在影片中体会到这份心血。

在电影制作中，不可避免地要对人物、事件进行灵活处理，以吸引观众的兴趣。我们扪心自问，影片《曼德拉：漫漫自由路》已经做到了这一点。当然，观众见仁见智，我相信即便我们努力精益求精，影片最终还是难免会招来不少质疑和批评。

记得在曼德拉被囚禁的漫长岁月中，南非种族隔离政府发布禁令，严禁传播曼德拉的照片和言语，但世界上大多数媒体都没有放弃追踪报道他的奋斗事迹。等他获释后，他们终于可以光明正大地寻找独特视角，然而，这些报道终究还是浮于表面，大都是追捧性的肤浅报道，而非深度分析。也就是说，在他们眼中，曼德拉是名人，而非人民运动的领袖。

在南非乃至世界各地，许多人对于如何讲述曼德拉的故事自有一套看法，他们希望通过自己的方式去诉说这个传奇。但最终这个幸运的机会落到了我头上，曼德拉同意把《曼德拉：漫漫自由路》的电影创作版权交给我，他委托我把他的故事拍成电影。时至今日，我想说，我已经尽了自己最大的努力，并且坚信这部电影是对曼德拉的最高致敬，是对我们全国人民奋斗的最好献礼，也是对曼德拉精神财富的最佳纪录和传承。

如今，电影虽然杀青了，但我认为自己的使命并未就此终止，所以我还制作了一部长达 3 小时的电视纪录片，里面包含了一些原始访谈和见解、影像档案资料、电影中的片段，以期能探究许多不为人知的事实以及背后的故事，探讨这个故事的意义以及我们制作这部电影的价值。

美国人丹尼·谢克特长期追踪报道曼德拉的事迹，他与南非政府的接触可以追溯到 20 世纪 60 年代。他根据电影剧本以及曼德拉的现实故事——他生命中的朋友和伙伴，开始着手写作本书。本人还邀请他在书中加入自己历年来的采访和报道。无疑，丹尼出色地完成了这项重任。《曼德拉：漫漫自由路》一书是丹尼·谢克特所著的有关曼德拉的最好作品之一，书中立体而真实地呈现了曼德拉复杂的内心世界和发生在他身上颇具戏剧性的故事，书中还涵盖了他本人及其他人的见解。

在电影《曼德拉：漫漫自由路》的制作过程中，我们有幸得到了无数人的鼎力协助，恕我无法在此一一致谢。希望这部影片能成为最好的答谢礼。正是因为你们的努力才鼓舞着我们一路披荆斩棘。

我必须怀着深深的感恩。再次坦承，曼德拉的信任以及我家人的支持，陪伴着我度过了这段曼德拉式的漫漫长路。在此致以衷心谢意！

安南特辛

于南非德班

注：安南特辛是电影《曼德拉：漫漫自由路》的制片人，他还制作过很多有关南非的电影，最初就是他委托作者丹尼·谢克特把电影剧本改编成本书的。

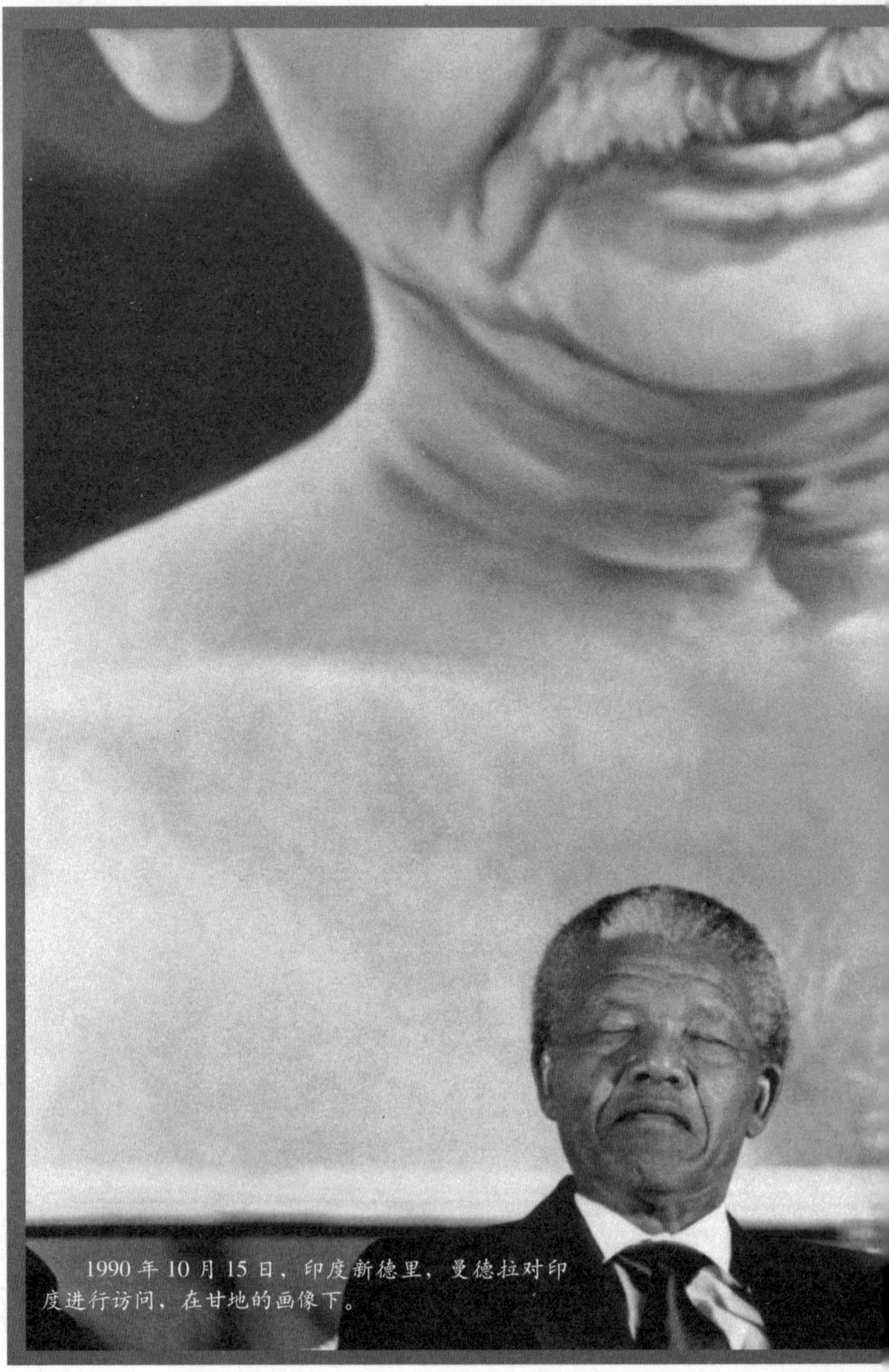

1990年10月15日，印度新德里，曼德拉对印度进行访问，在甘地的画像下。

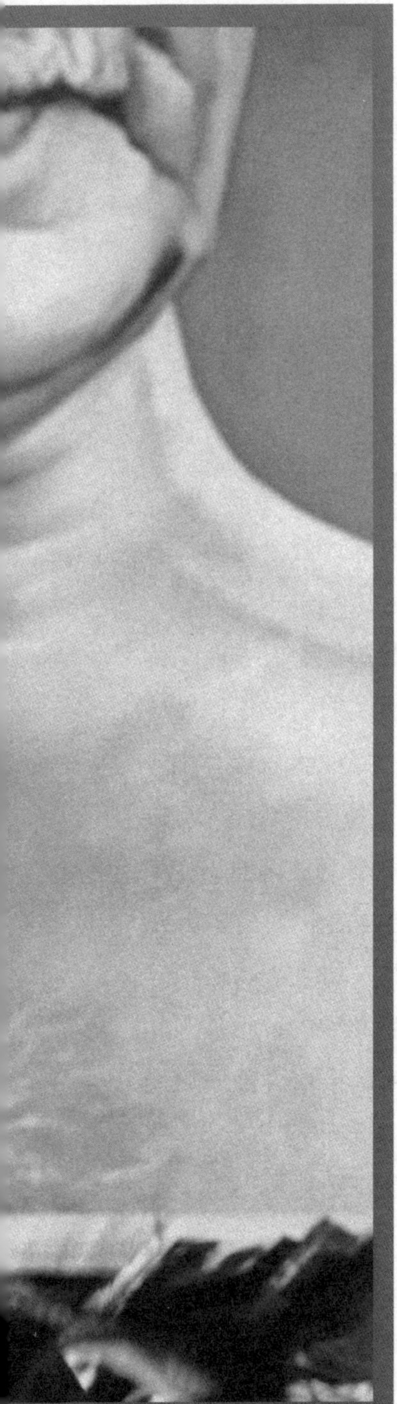

Athlete

Physical discipline. Boxer, tennis player.
His admiration for athletes.

不屈的灵魂

1971 年，一枚旋转着的乒乓球打破了冰封 20 载的中美外交僵局，证明了一个事实——体育确实拥有改变世界的魔力。一生酷爱运动的曼德拉深明此理，1992 年的橄榄球世界杯决赛中，他率领南非的黑人白人一起为小羚羊队加油助阵，于无声中缓和了种族对抗情绪……

在那间只容得下两张床的牢房里，他还会坚持每天跑步，做俯卧撑和仰卧起坐。后来他搬到另一个面积较大的牢房，与其他 3 名政治犯一同关押了 3 年。他每天早上 5 点起床，在牢房内绕圈跑步 1 小时，狱友们总会因为被他吵醒而怒不可遏。

（摘自《体育画报》）

体育改变世界

曼德拉说，小时候他的运动能力一般，但他却过着像运动员一样的生活。

1995 年，在约翰内斯堡的艾利斯体育场，曼德拉穿着一件绿黄相间的运动队队服观看了南非小羚羊队对垒新西兰的橄榄球世界杯决赛，为其加油助阵。这一事件也是他总统生涯中的一大成就。小羚羊队长期以来被视为南非白人的象征，曼德拉的支持昭示着黑人与白人间的和解，极大地促进了南非人的民族自豪感。最后，南非小羚羊队获胜，许多人感到惊讶和兴奋，认为这都是曼德拉前来助阵的功劳。

橄榄球这根神奇的魔法棒使南非实现了团结。白人喜欢这项运动，用曼德拉的话说，它是他们的“宗教”，小羚羊队的成员被南非的白人当作神父一样来膜拜。但是黑人痛恨国家队由白人独霸的局面，他们将小羚羊队的绿色队服视为可恶的种族压迫的标志。

据《体育画报》报道：

> 让曼德拉最紧张的是在约翰内斯堡艾利斯体育场举行的南非队对阵新西兰队的比赛。“老实说，我从来没这么紧张过，”这位见惯了各种大场面的耄耋老人向我透露，“我都快晕过去

> 了。”曼德拉向来临危不惧，可以说，他比你想象的要更加镇定，即便四面楚歌，也能出奇地冷静。他之所以说出上面这段让人跌破眼镜的话，是因为他对橄榄球没有太大兴趣，根本不懂橄榄球的规则……
>
> 但是，曼德拉特别明白这项运动的政治意义，所以他才抓住橄榄球世界杯这个契机。曼德拉对于已经相对衰落的南非白人群体表现出了极大的慷慨。早在1992年南非就获得了此次橄榄球世界杯的举办权。1995年，南非政权更迭，刚刚上台的曼德拉允许南非主办这次赛事。之后，他还说服自己的黑人同胞接受南非小羚羊队，尽管15名注册球员中，只有一名黑人。

当然，他对体育的迷恋并不仅限于橄榄球。“体育拥有改变世界的魔力，”曼德拉说，“它能激励人，团结人，具有无可比拟的凝聚力。它可以用一种年轻人能明白的语言，向他们传递某种思想或精神。”

如果你深入研究曼德拉的过去，就不难发现运动对于他的意义。《时代》周刊的主编理查德·斯坦格尔是曼德拉自传的主笔之一，他提醒我们，曼德拉对需要团队合作的体育项目并不感兴趣，他喜欢单打独斗的竞技运动。曼德拉对斯坦格尔说，他在学校养成了长跑的习惯，还开始练习拳击。

拳击是平等的！

到约翰内斯堡后，他最感兴趣的还是拳击，因为拳击运动具有惩戒对手的特性。南非的图文杂志《鼓》发布了一组曼德拉的照片，照片中他站在约翰内斯堡一栋建筑的屋顶上与明星拳击手杰里·莫洛伊对阵。电影《曼德拉：漫漫自由路》中重现了这一场景。制片人找到照片中的那栋建筑时，发现它很破旧，而且没有电梯。但这个场景很重要，而且必须在那儿拍摄，于是演员和工作人员扛着几百磅重的拍摄设备爬上屋顶拍摄。

就连在南非政府禁止传播曼德拉照片期间，有一张他扮成拳击手的照片仍然在民间广泛流传，而且被南非黑人视为宝贝，他们都把它贴在家里。传记作家安东尼·桑普森指出，南非政府曾分发了7万本宣传小册，谴责非洲人国民大会（下简称“非国大”），人们就把册子里曼德拉的照片剪下来贴到墙上，而且还把攻击非国大的宣传标语改成了支持它的口号。

在被捕入狱之前，曼德拉长期练习拳击，保持着良好的体态，他不但每天要进行90分钟的例行训练，而且经常绕着约翰内斯堡最长的街道之一“第一唐人街”跑步。他还进行负重练习。桑普森在曼德拉的传记中写道：“曼德拉从政治视角来解读拳击，在他看来，这项运动是平等且不受肤色限制的，非洲黑人能够摆脱种族歧视获得比赛胜利。后来，他在狱中还保持着严格的健身习惯。据他当年的监狱看守克里斯托·布兰德说，他经常发动狱友们一起锻炼。”

在《勇者曼德拉自传》一书中，曼德拉写道：

> 相比拳击运动中的暴力，我更喜欢它的科学。拳击手为了保护自己，何移动身体、如何使用进退自如的策略、如何巧妙掌握比赛节奏，这些都让我深深着迷。拳击是平等的。在拳击场上，你的社会地位、年龄、肤色和财富都变得无关紧要……踏入政坛后，我再也没有参加过真正的比赛。我最大的兴趣在于训练，因为高强度的训练能让我很好地释放压力。每次剧烈运动后，我会感觉心理和生理上都无比放松。它可以让我全身心地投入其中，而不必有任何顾虑。前一天晚上锻炼得筋疲力尽，第二天早上醒来后，我会发现自己不

但更加强壮了，而且更有精神了，我又可以迎接其他挑战了。

看了上述文字，我们可能会以为曼德拉好胜心不强，但他的律师乔治·比佐斯告诉我的一件事也许可以帮助我们否定这一看法。有一次比佐斯去罗本岛看他，警卫给他们送来茶和一些好吃的点心。据比佐斯回忆："他们端来了一盘很可口的三明治，我吃了很多，但我发现曼德拉没怎么吃。所以我就好奇地问：'你为什么不吃一点？'他告诉我，几天前他与某个人打网球输了，他要保持良好体型、好好锻炼，争取改天一雪前耻。这让我大开眼界，原来体育在他心目中有那么特殊的地位。"

2010 年 7 月 11 日，曼德拉与其夫人亮相足球城，向观众挥手致意，为南非世界杯落幕划上了完美句点。

当曼德拉获释出狱，可以自由出行南非以外的国家时，总有成群结队的职业拳击手慕名前来找他。1990 年 6 月，一些影视和演艺界名流在曼哈顿下城罗伯特·德尼罗的餐厅翠贝卡烤肉餐厅举办了一次反对种族隔离的活动，曼德拉应邀参加。这场活动的外围是全副武装的警察守卫，而餐厅里，曼德拉正被一群拳击手围着。

1999 年，曼德拉曾考虑成立一个新的国际拳击管理机构，来取代目前的三大拳击组织。当时曼德拉认为，世界拳坛已经被金钱和利益所侵蚀，那些经纪人操控了一切，曼德拉特别希望职业拳击运动能够成为一片净土，只可惜这个梦想也没能实现。

在漫长的牢狱生活中，曼德拉曾在那个不到 5 平方米的牢房中练拳击，直到有一天，他发现拳击对自己的身体没有更多的帮助，“我们必须避免去做那些力所不能及的事。”曼德拉说，“比如，尽管我年轻时喜欢拳击，但现在，我再也不练了。”

当然，他身边的人并非都能忍受他对拳击的狂热。前非国大副总书记谢丽尔·卡洛拉斯讲述了一次拳击比赛后他与曼德拉之间发生的争执：

> 当时我们在爱丁堡，正吃着早餐，一切都很美好。因为之后我们要与欧盟的一些国家元首进行会谈，所以吃早饭时，我们尽量聊一些轻松的话题，放松一下。
>
> 然后他开始谈论拳击。我对他说：“别傻了，拳击太野蛮了。”但他马上开始严肃地发表长篇大论来反驳我。我只好说：“对不起，我无法理解，你为什么要让自己去台上挨打。而且，你怎么能一直不停地打对方，直到他们失去意识？我觉得这很残忍。”
>
> 唉，我只能说，最后这只沦为一场毫无意义的争吵。我们俩真的吵了起来。事后，我们做了两个约定：第一，以后我们不再聊拳击手和拳击；第二，绝不饿着肚子聊这种话题。
>
> 实在太可怕了！有一次，我们在位于伦敦的南非驻英使馆举办了一场活动。突然，有个叫雷诺克斯·刘易斯的拳击

手通过贿赂手段混了进来。他并不在受邀嘉宾名单之列，但他听说纳尔逊·曼德拉要出席活动，就说道："我必须去会会他。"所以他就来了，他很高，长得还算有特点。但是，对我来说，我是没办法把已经混进人群中的他找出来的。后来，曼德拉来了，他很快就在人群中发现了雷诺克斯·刘易斯，于是他就把重量级嘉宾和各国部长撂在一边，径直朝刘易斯走去。"我一直很想见见你。"曼德拉对刘易斯说，接着他们又聊了刘易斯最近参加的一次比赛。

你知道，那天我有多惨，要应付所有贵宾和那些想与他会面的国家元首。但是，没办法，要想吸引曼德拉的注意力，就得用儿童、婴儿和拳击这些话题。

1990年，南非：曼德拉出狱后的第一天。他出狱后的第一个晚上是在南非大主教图图的住所度过的。

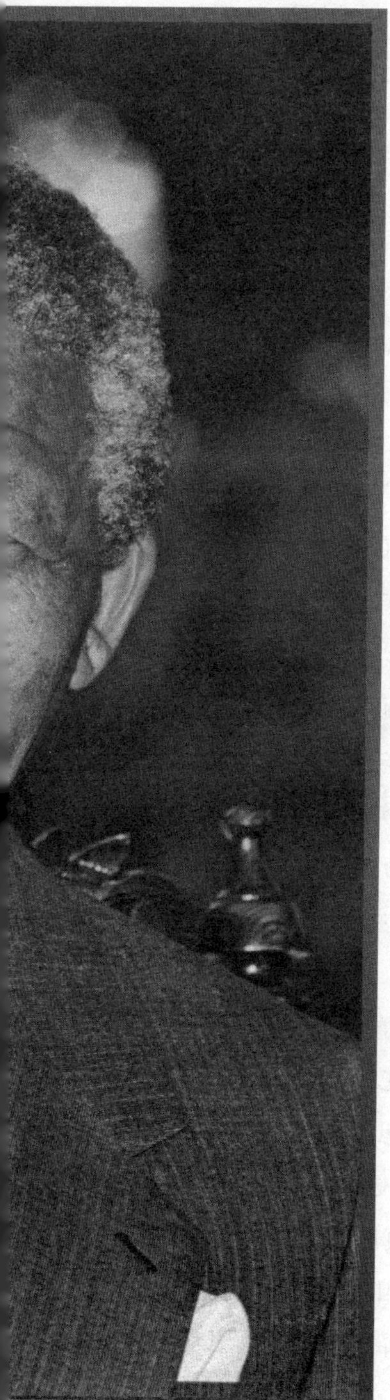

Bully

Early days and "wild branches"
—conflicts with ANC leaders. Lessons learned.

王者宿命

少年曼德拉曾欺负他看不惯的人，因违反校规被退学，长大后拒绝包办婚姻，独闯约堡看世界。他就像天生的革命者，敢于挑战传统。假如没有 27 年的铁窗生涯，南非在年轻气盛的曼德拉带领下会走向何方？也许这就是宿命，勇敢和痛苦成就了他。

当我还是个孩子的时候，我在特兰斯凯的村庄里长大，我听部落的长者讲述关于白人到来之前的光辉岁月的故事。那时我希望并且发誓，生活除了给我其他财富之外，还让我有机会为自己的同胞服务，为自由事业做出自己微不足道的贡献。

（曼德拉在自传中谈到他的童年）

离经叛道的少年

曼德拉外表冷静、风度翩翩、不卑不亢，他的诸多优秀品质给世人留下了深刻印象，而这些与他的成长环境有很大关系。他出生在传统文化根深蒂固的环境中。在他的家乡，部落首领习惯于在关键问题上寻求共识。在众人眼中，曼德拉生性害羞腼腆、彬彬有礼、尊敬长辈。很多人都发现，他办事认真沉稳，少年老成。

然而，这个貌似随和、与世无争的孩子其实藏着一颗好斗的心，他会欺负那些他看不惯的人，很早就流露出革命者的特质。他曾被指责从邻居家的果园里偷窃水果，他拒绝了一桩包办婚姻，还曾因违反校规被福特海尔大学勒令退学。

南非演员阿坦德华·凯尼为了在电影中演好年轻时的曼德拉，曾仔细研究他的童年。凯尼发现，虽然正统社会在一定程度上影响了曼德拉的个性，但同时也让他萌生了离经叛道的想法。

“我觉得，他小时候想的事与其他同龄人没什么两样，”凯尼告诉我，“你知道，少年时期的想法或许有些天真肤浅，但它会深深地影响着你，因为所有事情都有前因后果，都是相互联系的。我感觉他身上背负了太多东西，这也许并非他个人的选择，而是他的出身、家族以及长辈们有意无意间施加给他的。”

凯尼说，对一个更具国际视野的南非青年来说，真的很难理解当中的微妙情绪。“要把握这一点很困难，因为一方面，他当时只是个孩子，但是……人们对他的期望又远远超过一个正常的孩子。他可是民族领袖……”

我想让他深入阐述这一点，于是说道：“这听起来似乎有些匪夷所思。虽然他生在王室，但那毕竟是某个非常贫穷甚至有些没落的部落地区的王室。成为国家领导人或是举世瞩目的英雄应该是他很遥远的梦想，同时也是其他任何人都不敢想象的。”

凯尼对此用宿命作了回复：“这恐怕就是命中注定吧。无论他身在何处，都注定要成为伟人。就算他留在村子里，也会成为首领，领导好村民，成为一位出色的领导者；又或者，像他选择的人生轨迹一样：来到约翰内斯堡，进入律师事务所学习，然后成为现在这样的伟人。我相信，无论曼德拉身处何种境地，他都会达到那种高度。这是必然的，不过就是殊途同归罢了。”

“拒绝那桩包办婚姻算是他人生中的第一次叛逆吗？”我问。

凯尼沉思了一会儿，然后说道：“谈到我们面临的传统时，往往指我们要按照祖父辈的要求生活处事，这是约定俗成的。你的生活都是长辈已经安排好了的，在那个年代尤其如此，你有义务遵循他们的意愿。现在，我们对自己的事有了更多发言权。但在当时，这种教条是很严格的。背离惯常做法，离经叛道，几乎闻所未闻。所以，他是真的，真的很勇敢。”

曼德拉的白人朋友丹尼斯·戈德堡也曾因为参加那次武装斗争与他一同入狱。戈德堡认同我的看法，拒绝传统是曼德拉逐渐变成革命者的第一步：

> 在我看来，纳尔逊·曼德拉从拒绝那位别人为他挑选的姑娘的那一刻起，就成了一名革命者。身为一个小部落首领

> 的儿子，做到这一点实属不易。但他反抗传统。他偷了几头牛，变卖后凑够钱，前往约翰内斯堡，就是想看看外面的世界。我觉得，他从来没有用自己的出身去证明自己与生俱来就必须当领导。他之所以成为领袖，是因为他拥有超凡的智慧、卓尔不群的能力，使他能够分析局势，引领他人。我认为，他具备领袖必须拥有的素质，那就是号召人们，向着共同的事业奋进。

痛苦成就了他

年轻的曼德拉性格冲动，进入非国大青年联盟后，经常与经验丰富的领导者唱反调，因为他带着强烈的非洲民族主义色彩。

非国大的策略分析师约尔·奈区坦泽坦言，当时保守的领导人称曼德拉为一匹“桀骜难驯的野马”：“西苏鲁和达多等人都看出了曼德拉具备领导能力，但他们也发现他身上涌动着一些不安分因子。他们希望磨掉他的一些棱角。曼德拉本人也谈到，他曾经因为看不惯对方而使会面不欢而散。有时候，他的话语中会带着傲慢，这不利于双方关系的建立。所以，那些领导人看到了他身上的闪光点和缺点，他们希望帮助他弥补这些缺点，让他变得更加完美。”

罗本岛的另一名政治犯，曾是工党领袖、之后又成为南非副总统的卡莱马·莫特兰蒂与我分享了他眼中曼德拉的“刺头本性”：年轻时，他经常去破坏集体会议。有一次，非国大的一位领导人 J.B. 马克正在会上讲话，曼德拉闯了进去，破坏了那次会议。曼德拉说，他进去后，就开始“红牛”、“黑牛”乱谈一气，这些话跟会议一点关系都没有。

莫特兰蒂还提到了另一件事：共产党的一些老领导从来没在公开场合批评或攻击过他。相反，时任共产党总书记的摩西·考塔尼希望约见曼德拉，曼德拉并没有答应，直到有一天他下班回家，发现摩西·考塔尼正在家里等他。

摩西·考塔尼说："嗯，我一直想约你见个面，但没有这个荣幸，所以只能在你家等了。我已经征得你夫人的同意，今晚就住你家了，这样我们可以好好谈一谈。"摩西·考塔尼对他说，共产党只是想与他并肩作战而已。所以，他们就深入探讨问题。到上床休息之前，他终于领悟，共产党是他的盟友。

当时，南非共产党是唯一一个混合了各种族的政党，白人、黑人、印第安人和其他有色人种都可以加入，因此它在南非风靡一时。

我问莫特兰蒂："他的同志能批评他吗？他愿意听取别人的意见和劝告吗？或者说他总是一意孤行？""在确立自己地位的过程中，他比较开明。但是地位巩固后，他就有些独断了。"

大主教德斯蒙德·图图向我坦承了他的看法，他认为曼德拉在成熟且思虑更周全的时候重返政坛，是南非的一种幸运。图图觉得，这主要归功于他多年的铁窗生涯。"监禁岁月很好地磨砺了他的心性，"他说道，"你知道，刚入狱时的他年轻气盛，是非国大的军事领导人……所以他的态度咄咄逼人。"我告诉他，曼德拉的一些同志曾说必须挫一挫曼德拉身上那股桀骜之气，图图听到这个说法后不禁哈哈大笑起来。图图开始思辨地看待这个问题：

> 事情很神奇。人们常常会说："你看，他坐了 27 年牢，真是太可惜了！"可是，如果他很早就获释了……我们看到的或许仍是一个沉不住气、鲁莽冒进的曼德拉。而他在狱中待了这么多年，倒变得更加成熟了……痛苦要么毁灭一个人，要么成就一个人。27 年的隐忍……这已是一种毋庸置疑的明证。

1990 年，南非，约翰内斯堡：曼德拉获释后，在家门口的照片。

Comrade

How "comradeship" helped him and his fellow prisoners cope with their long years of incarceration.

领导者就像牧羊人

在罗本岛监狱里，粗重的苦力活只是对囚犯们微弱的惩罚，更可怕的是各种来自白人狱卒惨无人道的折磨，后者足以让人忘掉为人的尊严。在这暗无天日的牢笼里，铁窗战友们的相互扶持是彼此唯一的安慰，正是靠着这种安慰，曼德拉才得以熬过 27 年的漫长时光……

没有人是一个孤岛，我们不是铁石心肠的人，我们会被爱、友谊和人类同情的高贵激情所打动。

（摘自 1990 年 3 月在瑞典乌普萨拉大教堂所做的演讲）

在狱中构建和平世界

许多西方词典仍然把“同志”这个词视为共产党专用词，但实际上它还可用于工党和社会党。19世纪中期，社会主义运动蓬勃发展，社会主义者希望寻找一个相对中性、平等的词来指代“先生”、“小姐”或“太太”等称呼。最终，他们选择了“同志”。

纳尔逊·曼德拉的非国大及其在劳动工会和共产党的盟友都用“同志”来指代共同的身份，并以示相互尊重。此外，这个词对曼德拉来说还承载着更重要的价值：基于同志情谊的一个志同道合的群体。

我见过许多在罗本岛关押过的囚犯，他们表示，正是彼此间的同志情谊帮助他们熬过了这段残酷的铁窗生涯。

利沃尼亚审判的被告后来大都被送往罗本岛关押，这些人彼此非常团结。其中两人最后无罪释放，其他人被判终身监禁，包括两名白人。他们相互尊重、彼此信赖，经常一起探讨政治问题。即便他们已经听过对方的故事无数次了，有些甚至都快听烦了，但他们还是会相互扶持。

他们把曼德拉视为领袖，不过他们有一个正式的决策机制叫“最高机构”，由团队中的共产党员发起，因为他们信奉马克思主义风格的民主集中制。曼德拉是“幕后领导者”，他在《勇者曼德拉自传》中解释了这一点：“一名领导者……就像牧羊人。他走在羊群的背后，让最机灵的那只羊领头，其他羊追随其后，但它们都没有意识到，其实不管怎样，最后都得听牧羊人的。”

据前囚犯拉卢·奇鲍证实，“同志们”之间常常出现分歧，有时关系很紧张，甚至出现暴力冲突。他认为，曼德拉、西苏鲁和卡特拉达总会想办法让大家冷静下来：“我们经常吵闹。监狱那种环境本来就比较压抑，狱警又时不时地施压，我们心情很沮丧。在那种情况下，人会变得比较急躁，容易发怒……不过，卡特拉达总是很冷静，他会努力维持秩序，让大家都相安无事。”

我忍不住插嘴：“即便大家准备大打出手的时候，他也很平静，也能控制住局面吗？”

“是的，他依然很平静。卡特拉达、曼德拉和西苏鲁总会冲过来解围，扑灭大伙儿心中的压力和怒气。但当一切风平浪静、大家相处很融洽时，西苏鲁、曼德拉等人又会退到幕后。这是领袖应该具备的最佳特质。”

关押在罗本岛的囚犯时常要与那些瓦解他们意志的规矩和程序做斗争，但现在回想起来，很多人都说其实留在外面的同志比他们过得更艰难。与曼德拉走得较近的卡特拉达说道，从某些方面看，他们是幸运的：

> 能让我们在罗本岛长期坚持下来的，除了我们的坚定信念和美好愿景外，还有一点就是，我们深知，尽管我们在此承受牢狱之苦，备受煎熬，但我们的同志也正在外面直面冷酷的斗争。从某种意义上说，起码我们的生命安全有保障，因为警察不会冲到罗本岛把我们毙掉，我们是受到保护的。可是，在外面的同志们并没有得到这样的保护。
>
> 他们中的许多人备受折磨，甚至被杀害。在索维托起义中有600名同志牺牲，这真是太残酷了。我认为，有时候，

> 人们夸大了囚犯所要承受的痛苦。我并不是要把牢狱之苦最小化，但在罗本岛上，我们仿佛远离了斗争的漩涡，并没有成为矛头所向。斗争的中心，在罗本岛之外的地方。

他说的也许是事实，但在当时，囚犯们还是每天都要被看守的狱卒折磨、压迫，他们随时会接到各种指令。当年的监狱看守克里斯托·布兰德告诉我，上级命令他和同事们一定要残酷对待这些犯人。布兰德是说荷兰语的南非人，英语只是他的第二或第三语言。他用带着浓重荷兰语口音的英语向我透露了监狱折磨犯人的方法："囚犯必须做苦工。我们要让他们身心俱疲，干各种粗重的苦力活。这样，他们晚上回到牢房时一身疲惫，就没有精力造反了。因为他们实在太累了。除了吃饭，他们需要的就是休息和睡觉。

第二天还是干体力活。我们就是通过这个方式，让他们服服帖帖的。此外，伙食也很差。监狱就是这样把人搞垮的，用繁重的劳动改造他们。有时候，我们会让他们在地上挖个洞，然后让其中一个犯人钻进去，其他人往他身上尿尿。这样的事情的确发生过，当然我们还会暴力相向。"

抵制暴行成了囚犯们共同的奋斗目标，也让他们紧紧团结在一起。非洲学者弗朗·巴特曼在《外交》杂志上发文指出，残酷的监狱环境使他们养成了迅速找到有效反击方式的能力："共同反抗的精神让他们学会了相互宽容，他们自发构建了一种可消解监狱看守淫威的社会和政治结构。不论是新囚犯的加入，还是旧囚犯的获释，都让这个组织具有了某种传播力，而这种力量又为之后更大范围的政治斗争做了有效铺垫。与监狱看守的互动与较量让这些被关押的领导人学到了耐心和讨价还价等技能，此外，我们还会时不时地揍他们。"

非国大的雷蒙·沙特纳认为巴特曼的研究很有价值："该著作的关键要素在于，为我们理解囚犯的反应提供了一个崭新视角。虽然身

1951 年，神情忧郁的纳尔逊·曼德拉，旁边是记者露丝·弗斯特。（尤尔根·沙德伯格 摄）

陷囹圄，但他们也在狱中创造了另外一个世界，能更好地控制自己的生活。他们在监狱中构建了一种文化，这种文化是政治文化的延续。通过长时间的磨合，在非洲人国民大会内也能有效建立起这样的文化。”

像丹尼斯·戈德堡这样的白人囚犯说，他们在狱中过得比黑人更艰难，因为他们被视为叛徒，难以博得同情。他告诉我们：“下至警察、监狱看守，上至最高将领，我都能从他们的态度中读到这样一种潜台词：‘我们不喜欢纳尔逊·曼德拉，但是我们尊重他，因为他为人民争取权益。但是你，戈德堡，我们恨你。因为你背叛了我们，因为你是白人。’”

为了描述残酷的监禁生活，同时也为了呈现特殊环境下囚犯之间的同志情谊，电影制片人和编剧纷纷展开丰富的想象。

演员法纳·莫科纳说道：“这真是个很奇妙的环境。导演贾斯汀·查德维克把它变得很容易，但同时又很难，因为太真实了。他不希望观众把曼德拉单纯地看作一位英雄，而是把他当成实实在在的人。他要向人们展现，这些囚犯每天是多么劳累。他想让观众看到他们的恐惧，甚至是痛哭流涕。他想看到这群人的喜怒哀乐。他想看到有血有肉的人。为了做到这些，他努力营造这种氛围，而他做到了，效果非常神奇。”

1996 年，在接受档案保管员帕德里哥·奥马利的采访时，卡特拉达强调了铁窗情谊对于鼓舞囚犯士气的积极意义：

> 我们非常怀念这种同志情谊，我们与朋友、同事的关系非常亲密，尽管我们被限定在监狱的某个区域。我们在 B 区，那里专门关押总统以及我们 20 多个普通人。但是，我们这个区域也有优势，很幸运，进来的都是才华出众的人、政治领导人、院士以及其他品质非凡的人……
>
> 在共同度过的岁月中，我们彼此间建立了某种特殊的关系……在那里，我们可以自由吐露心声、彼此坦诚，可以毫无顾忌地批评他人或接受他人批评，我们可以观察分析形势。人们之间的相处方式比较简单随意。
>
> 但在外面的世界，你免不了要受到各种官僚制度的束缚，你必须遵守很多规则，无法像在监狱里那样开诚布公地探讨某些问题。这些都是大家很怀念的事，给我们留下了很多美好回忆。比较怀念的另一件事是自由的氛围，或者说相对自由，随着时间的推移，我们没那么紧张了，心态越来越放松，而且来自看守的骚扰也越来越少。所以，我们不用老是紧张兮兮的，我们有了思考、认真讨论问题和娱乐的时间。这些都让我们深切怀念。

他们很想忘却的，一定是那些束手束脚的条条框框：他们在牢房里不许说话，周末和公共假期他们必须23个小时都待在牢房里，基本没有活动时间。晚上8点他们必须睡觉，但灯还亮着。白天在采石场工作，搞得他们个个灰头土脸的。曼德拉的泪腺就是因此被灰尘损坏了。当时的南非政府巴不得他死在监狱中。

曼德拉找到了一个能让他常常离开牢房的工作——打理花园。弗雷德里克·博埃默写道："就像其他政治犯一样，在漫长的监禁岁月中，园艺工作对曼德拉来说极其重要，这仿佛是他与现实世界连接的纽带。"

1975年，他与前非国大武装组织"民族之矛"的司令员拉卢·奇鲍一起辛勤耕耘果园，最后收获了2 000个红辣椒、1 000个西红柿、2个西瓜，还有青辣椒和黄瓜。当曼德拉被秘密从罗本岛转移到波尔斯穆尔大监狱后，他的园艺工作还在继续。他种植的新鲜蔬菜有一些被送给了监狱看守，还有一些在星期天被用来改善囚犯们的伙食。

博埃默继续写道："如何解读园艺工作对囚犯曼德拉的重要性呢？首先，他原本就是一个'乡下男孩'，田间劳动的乐趣无疑会让他想起童年……另一方面，花园里的耕耘让他学会了审慎、自给自足和凡事提前的计划。"

曼德拉自己也说："在监狱里，花园是极少数你能真正独立自主掌控的东西……掌管一小块土地，会让你品尝到自由的味道。"

他还极其同情"单人牢房"里的狱友，即使里面关的囚犯是来自其他政党的，比如埃迪·丹尼尔斯。丹尼尔斯是唯一一名身陷囹圄的自由党成员，他因破坏罪被判监禁15年。他告诉我一件事，充分展示了他为什么喜欢曼德拉和他领导的团队，它也证明了曼德拉及其"同志"之间那份同舟共济的感情：

> 我在监狱里生了病。监狱不准我们上医院……我全身无

力，直挺挺地躺在地板上。曼德拉从采石场回来后问别人：“丹尼呢？”

他们说：“丹尼正躺在他牢房的地板上，他生病了。”曼德拉的牢房在走廊底端，而我的正好在走廊这一端。于是，他一路走到我的房中，在地板上坐下来，然后安慰我。狱警发现后，把他拉回去关在他的牢房，我又被单独留在自己的牢房里。第二天早上……牢房开放，我们可以出去清洗粪桶，因为牢房里没有自来水或抽水马桶，所以我们都要去公共厕所，清洗粪桶。曼德拉沿着走廊走到我的牢房，手上提着他的粪桶。他把桶搁在地上，然后在我身旁坐下来，关切地对我嘘寒问暖。然后，他起身，一手拿起他的粪桶，另一只手提起我的粪桶，走到公厕，清洗干净后，送还给我。

现在回想起来，曼德拉是国际知名人物、是反抗种族隔离政府的最强大组织的领袖、是南非最重要的政治犯，他可以指派手下人去照顾我。但是他没有那么做，他居然主动过来亲自照顾我，而并非因为他不得已而为之。

民主政治的“中庸之道”

尽管曼德拉支持集体，也经常以集体的名义行事，但同时，他也会彰显自己作为领导者的个性和风格。曼德拉纪念中心的历史学家凡尔纳·哈里斯指出了曼德拉内心的纠结。“他心里始终在进行一场拉锯战。一方面，他有虚荣心，很享受别人对他的奉承。他喜欢万众瞩目、高高在上的感觉。但另一方面，这又让他感到不舒服。他心底有另一个声音在时不时地提醒他：‘我是集体的一份子，我一直依靠着别人，依靠那么多良师益友的提点，我只是整场运动的一个部分’……他内心其实很复杂。”

同样在该中心工作的萨姆·文特尔自认为是一名“重新发现型”记者，她对我说：“这不是媒体常干的事吗？媒体总喜欢追捧或封杀某个人。我的意思是，西苏鲁已经找到了领导组织的最佳人选，但他同时也说，曼德拉经常脱离集体。比如，他在波尔斯穆监狱时，就已经开始和政府谈判了，但他最初故意不告诉同志们。因为他是个民主的人，他清楚，万一其他人都说‘不要这样做’，那他就不能继续谈判了。这样，我们也就没法得到我们想要的民主了。”

他期待众人的批评，甚至会主动找上门去。现在已成为历史学家的文特尔解释道：“当他还在与南非国家党较量时，要面对别人的批评可能很困难。但我觉得，他当上总统后，反而更加喜欢面对各种批评质疑，仿佛在说：‘来吧，尽管向我开火吧，我一定会让你们心服口服的。’”当然，也许因为他的高度克制，有时，他表现得像超人。

1993 年 4 月 10 日，曼德拉正在参加一场正式的宴请，中途接到一个电话。他从电话里得知，非国大的领导人克里斯·哈尼刚刚被杀。曼德拉震惊得微微颤抖，他放下电话消化着这个突如其来的噩耗。大约沉默了 1 分钟后，他回到宴会现场，但没有把消息告诉任何人。

出狱后，他内心变得更加强大。“他可能对此不屑一顾，有些轻蔑。”文特尔在回忆 1991 年和 1992 年时，曼德拉在南非民主大会上面对时任南非总统德克勒克对非国大的攻击时，这样评价道。

“真令人惊叹。我觉得，那才是曼德拉的风范。没有事先准备好的演讲稿，他就这么登上讲台，滔滔不绝地开讲，让对方佩服得五体投地。他就能那么理直气壮，因为他占领了道德制高点。”

偶尔，他也会失去理智，会拍桌子或指着下属的鼻子痛骂，出现像凡尔纳·哈里斯所说的“他并非圣贤”的状况，那也是因为曼德拉觉得，必须表明自己的态度和看法。所以，尽管大多数时候，曼德拉对同志们非常和蔼，但有时他也明白，适时的严格要求才是对大家真正的好。正如曼德拉所说的：“好的领袖必须懂得张弛有度。”

2005年7月19日，约翰尼斯堡曼德拉住处。南非前总统纳尔逊·曼德拉与美国前总统比尔·克林顿正在谈笑。

Diplomat

His role in fashioning a diplomatic compromise and avoiding a race war.

秘密外交手腕

当北爱尔兰、南斯拉夫和中东等地饱受战火摧残之际，曼德拉却不费一枪一弹取得了南非的“解放”，避免了战火屠戮、生灵涂炭的悲惨局面。一张嘴征服整个顽固的种族政府，曼德拉到底是如何做到的？

治疗创伤的时候到来了。弥合分歧的时候到来了。建设的时代即将到来。

（摘自就职演讲）

一人舌战南非政府

早在他主张释放监狱里的同志和他自己之前，早在他率领非国大代表团与南非白人种族隔离政府谈判之前，曼德拉已是一名出庭律师，有过很多辩护经验。入狱后，他一再坚持自己只是“敲敲边鼓之人”，表明他在监狱里不便再与人谈判，但是他早已练就了口若悬河的本领，甚至很具煽动力。被捕之前，他甚至还因为没有事先计划就擅自号召大家行动而差点被逐出非国大。渐渐地，他成了一名出色的谈判者，十分擅长谈判。

他从小接触到的部落决策体系，强调共识而非分歧。这一点对曼德拉做一些关键决定产生了影响。伴随他成长的部落文化，他总是强调以理性和公平的态度去解决纠纷。

“他是一个很好的倾听者，一个懂得理性分析和思考的人，”德克勒克这样评价曼德拉，“我们都是律师，因此我们之间的沟通组织有序、逻辑严谨。”

德克勒克还告诉我，曼德拉很有幽默感，他所采用的方式会让他的对手也感到很舒服，所以德克勒克觉得，与曼德拉沟通十分放松：“我们初次见面时，并没有急于讨论实质性内容。我们就是彼此探探底，了解一下。我们好像聊到了英布战争。他很崇拜德韦特将军。我们都觉得那是英帝国发起的一场非正义战争，但我们没有聊当今时事。后来我向选民表示：‘我认为值得跟这个人打交道。’曼德拉也在《勇者曼德拉自传》一书中写道，第一次见面后，他觉得我这个人可以沟通。我想，我们的第一次会面奠定了良好的基础，免却了许多不必要的攻击……后来，我们之间还建立了深厚的友谊。”

最初他与南非政府谈判时处于弱势。因为他是自己一个人在与一整个由官僚机构支持的团队较量。每次会谈前，他都会像律师一样精心准备，在笔记本上列出要点、摆出事实依据，还要记下他要抛给对方的问题。他不断在心里与自己模拟谈判。他可能会先写上“建议停止暴力”，然后在旁边添加注释：“难道我们还能无视杀戮，继续与这样的政权谈下去吗？”他在另一本笔记本上这样写道：“我们必须时刻谨记，在我们为自由解放而进行迂回曲折的斗争过程中，任何突破的取得都不是单个人努力的结果，靠的是集体的力量，胜利也是属于大家的，这是我们这项事业的指导原则。”他意识到，作为领导者，他代表的是选民的利益，于是他在演讲时更加底气十足。

曼德拉知道如何运用恭维和赞美，然后又话锋一转，改成争辩甚至指责。他深知，外交谈判必须灵活应对、张弛有度，时而诱导、时而立场坚定、时而又幽默一下。在他与德克勒克的后期谈判过程中，曾怒斥后者纵容暴力，并称后者代表的政府是非法的。紧接着曼德拉又转过身去，对着德克勒克的支持者称赞他是个“正直的人”。现实生活中，曼德拉就像一位手腕高超的外交官，像极了在罗本岛服役期间他在古希腊剧作家索福克勒斯的作品《安提戈涅》（*Antigone*）中所扮演的克瑞翁。

1999年，南非《邮政卫报》对那场演出作了如下点评：

> 20世纪60年代晚期的某一年，南非罗本岛监狱的囚犯们决定在圣诞节期间表演《安提戈涅》。南非剧作家阿索尔·富加德创作的《岛》(*The Island*)描写了那些为了反抗南非种族

隔离政策，寻求自由解放的政治犯在狱中的生活，正是这些政治犯让索福克勒斯的作品仿佛得到了新生。罗本岛出品的这部剧中，自告奋勇饰演克瑞翁一角的演员几乎没什么舞台经验，此前，他只在大学里演过一个配角，那就是刺杀亚伯拉罕·林肯总统的杀手约翰·威尔克斯·布斯。这个人名叫纳尔逊·曼德拉。虽然，他像其他演员一样，开始阅读《安提戈涅》，揣摩克瑞翁这个人物，同时他也给这个角色添加了自己的诠释："当然，你不可能完全了解一个人，他的性格、原则和判断力，直到他表明自己的立场，开始制定法律、统治人民。经历是一块试金石。

曼德拉悉心研究了南非的政治历史，尤其是南非白人的历史，他阅读了众多南非荷兰语著作。他努力逼迫自己从深层次去了解敌人和压迫者的文化和心态。

他的传记作家安东尼·桑普森在接受美国一家公共电视台的采访时表示：

他在监狱里学会了南非荷兰语，非常准确和正式的荷兰语。他跟我讲监狱里发生的故事时，常常会夹杂着南非荷兰语。很不幸，我不懂那个语种。于是，他会把我的便条本拿过去，煞费苦心地用很大的大写字母把它写出来。我仔细地看着笔记，他对我说，在南非荷兰语中 stomach（胃）这个词只用来指动物的胃，而不用于人。他学得非常精确、细致。他向我详细解释了南非荷兰语中，动物的胃与人的胃用词的差异。他就是这样学习荷兰语的，他要确保自己彻底理解敌人的语言，而且还能够讲。

桑普森在他的著作《曼德拉传》(*Mandela: The Authorized Biography*)中描述了曼德拉与南非政府之间进行的谈判:"这是历史上最壮观的谈判,西方政府都对之刮目相看。当北爱尔兰、南斯拉夫和中东等地还在遭受炮火的摧残之时,南非俨然成了'世界谈判之都',全球各地的学者、记者和外交官纷纷把目光聚焦到了这里。"

20 世纪 50 年代的经典画面,镜头前的曼德拉衣冠楚楚,梳着独特的发型,露出他招牌式的笑容。走在他旁边的是共产党总书记摩西·考塔尼,摄于 1958 年比勒陀利亚法院门口,当时他们的上诉被驳回了。(尤尔根·沙德伯格 摄)

美国哥伦比亚广播公司的新闻节目《60 分钟》对上述情形做了回应性报道,有位谈判专家在节目中分析了曼德拉谈判的关键技巧:

★ 说对方的语言；

★ 藏好自己的底牌；

★ 毫不怀疑自己有成功的机会；

★ 准备充分；

★ 自信十足；

★ 绝不轻易作出不必要的妥协或让步。

这些技巧貌似简单，但问题是，曼德拉是在狱中培养这些技能的。他的一些同志对于个人单独与政府接触抱着怀疑的态度，有些人甚至担心曼德拉是在以卵击石，可能会输得一败涂地。而更重要的是，与曼德拉同样处于集体领导核心的还有其他非国大的领导人，如律师乔·斯洛沃等，他们都是身经百战的谈判高手。

1985 年，曼德拉决定与政府谈判。当时他已远离多年相伴的狱友，独自被关在波尔斯穆尔监狱。《时代》杂志的主编，即《勇者曼德拉自传》主笔之一理查德·斯坦格尔这样形容那个时期的曼德拉："曼德拉独自发起了与种族隔离政府的首次谈判。这无疑犯了非国大的一大禁忌。几十年来，他们一直声称'囚犯不能够和政府进行谈判'，他们主张通过武装斗争迫使政府屈服，但是现在，曼德拉居然决定要与压迫者协商谈判。"

他发起谈判之初，很多人就断定他已经输了。"我们以为他会失败，"南非全国矿工工会领袖西里尔·拉马弗萨说道，"当时我去看他，见面就问：'你要干什么？'这种行为实在太令人难以置信了，这简直就是一场豪赌。"

《印象南非：种族隔离制度的兴衰》(*The Mind of South Africa:The Rise and Fall of Apartheid*) 一书的作者埃利斯特·斯帕克斯最先挖出了这些秘密外交的细节。他告诉我："曼德拉本人与尼尔·巴纳德领导的南非安全服务委员会会谈过 27 次。起初他还会见了监狱长和狱警。他还通过妻子温妮……与一位名叫科比·库切的人见过面。库切曾在飞机上碰见温妮，之后他鼓动时任南非总统博塔建立了上述委员会。库切第一次见到曼德拉时，曼德拉正在开普敦一家医院做前列腺手术，当时他还没有获释，所以双方秘密会见了好几次。1982 年，曼德拉被秘密从罗本岛转移到开普敦的波尔斯穆尔监狱。之后，在 1988 年，曼德拉又被转移到距开普敦约 50 公里的帕尔镇，该镇盛产葡萄酒。曼德拉与南非政府的一系列秘密谈判都在该镇进行。”

这些会谈标志着曼德拉逐渐从囚犯转变为谈判者，他不仅充当着同志们的领袖，也是政府首脑。斯帕克斯评论了这种转变：“他很难把这些都告诉同志们，因为他们大多数都在赞比亚首都卢萨卡，不过他的律师乔治·比佐斯可以充当传声筒，因为作为律师，比佐斯可以接近曼德拉。所以他常常会在与曼德拉讨论之后，前往卢萨卡把主要情况告诉大家。”

曼德拉让比佐斯把他们之间的对话一五一十告诉他以前的律师事务所合伙人奥利弗·坦博，坦博在当时已是非国大在赞比亚卢萨卡分部的负责人。非国大没有反对他们的做法，因为曼德拉是在试探政府，并没有与它达成任何协议。

后来，南非全国矿工工会领袖西里尔·拉马弗萨也来协助他，正如他在接受《时代》周刊采访时说的那样：“曼德拉是一位重要的历史人物……他的想法比我们超前，他脑子里总想着造福子孙后代。‘他们将会如何看待我们今天的做法？’多年的铁窗生涯赋予了他一种长远思考的能力。必须做长久打算，除此之外，别无他法。他的思考维度不是以天或周来计的，他思考的是几十年的事。他知道，历史一定会站在他这一边，这是毋庸置疑的，问题是这个过程要多长，如何才能实现这个结果。‘从长远看，形势一定会好转。’他常常这么说。他总是做长期打算。”

最后几次谈判的焦点在于用多种族民主制度取代当时白人主导

的专制制度。非国大努力用和平方式促进双方和解，避免引发种族战争。它推动了选举自由和公平，1994 年非国大以超过 60% 的选票赢得了南非多种族大选的胜利。

当时的新闻记者，即现任曼德拉—罗兹基金会会长的肖恩·约翰逊参与了最后的谈判，她仔细观察了曼德拉使用的方法：“我在南非民主大会与国家党政府进行谈判的现场，我听到他说：‘如果你不知道你应该准备放弃些什么，那就别谈了。’他那么说的意思是，他理解政治就是一种舍得的艺术。所以，他尽量让人们理解这种妥协是可以接受而且是必要的。”

是变节，还是战略？

我告诉约翰逊，如今存在这样的说法，认为当时的和解协议是有缺陷的，甚至有人说曼德拉“变节”。

约翰逊回答说：“大家对于这个和解协议的确有各种各样的说法和讨论。但我个人认为，如果没有那次和解，南非在当时就会陷入有史以来最最糟糕的种族内战。我们今天也不可能安然地坐在这儿，享受美丽的风光了。这个地方可能早已沦为一片废墟。我想，这就是最好的答案。我觉得，那些批评非国大和曼德拉采取谈判方式达成和解的人，根本不了解情况。其实，非国大与国家党周旋了好久，才不费一枪一弹取得了较为圆满的结果。而且，我在另一次会议上亲耳听到曼德拉先生说：‘我并不希望接管一个满目疮痍的国家。’”

埃利斯特·斯帕克斯在回应别人指责曼德拉变节时，措辞相对直接。

“认为曼德拉变节纯属瞎扯，”他轻蔑地说道，“实际上，当时主要负责谈判的是共产党领袖乔·斯洛沃。曼德拉只是为了达成最后协议时，做了一些比较关键的决定。今天的非国大内暗潮涌动，明争暗斗不止，分裂成很多派系，相互攻击，所以有些人为了特定目的，散播诸如曼德拉变节之类的荒谬谣言。曼德拉促使国家成功实现了从威权主义到民主的伟大而和平的过渡，我相信全世界都认可这一点。”

从政治层面上说，的确如此，但经济问题上缺乏集中而清晰的政策，始终是非国大的软肋，它会日益发现自己越来越受制于企业，不得不向新自由主义妥协，从而在经济问题上越来越丧失话语权。非国大的领导人兼后来的南非政府水利和林业部长的罗尼·卡斯利尔斯，并没有批评曼德拉为了确保国家和平过渡到民主制度而向企业精英作出的妥协，也没有批评他与种族隔离政府和解的决定，但是他承认：“20 世纪 90 年代，我们非国大的领导人的确犯了严重的错误。我们的人民今天仍在为此付出代价。”

可见，政治斗争虽然取得了胜利，但南非在经济上还将经历一场持久战。

1990年，南非，约翰内斯堡。曼德拉出狱后在第一国家银行体育场发表演讲。

Eloquent

Life as a lawyer. Written statements, letters, and speeches that inspired millions.

雄辩得人心

得人心者得天下。从叛国罪审判的声明，到出狱后的演讲，曼德拉的雄辩口才征服了世界。他的雄辩不在于诡异的技巧，也不立足于华丽的辞藻，真话与正义才是他的雄辩武器。当他拥有这些，便再无畏惧之心。

精明的头脑和善良的心灵往往是个不可思议的组合。但当你还受过教育，具有犀利口才和文笔的时候，你就变得非比寻常了。

（纳尔逊·曼德拉）

以爱国之名“认罪”

警方突袭非国大武装组织“民族之矛”的基地，逮捕了曼德拉和他的同志们。此刻，他们正在比勒陀利亚裁判所利沃尼亚审判的被告席上，接受破坏罪的指控。审判结束后，曼德拉开始了长达 27 年的铁窗岁月。但是，就在宣判之前，他不顾律师们的反对，做了一次历史性的公开声明，向世界展示他准备为自由献出生命的决心。实质上，曼德拉是在讽刺南非政府想置他于死地的做法。

曼德拉的原始讲话没有被电视台报道，但纸质媒体对此却作了大幅报道，数以百万计的南非人对他的话都记忆犹新。这些话简洁明了，语气强硬，充分体现了讲话者的尊严：

> 我反对白人专制统治，也反对黑人专制统治。我向往民主自由的理想社会，在那个社会里，不同种族的人能够和谐共处，拥有平等的机会。我希望，我们能努力实现这个理想。如果有必要，我愿意为了这个理想献出生命。

起初，辩护小组的成员质疑他发表这番挑衅性言论的决定，但他仍旧义无反顾。实际上，几年之前他就已经发表过类似讲话。但是，根据法院的规定，他发表了这番言论后，检察官就不能反复盘问他了，因为他已经“认罪”了。

他从一开始就坚持政治辩护，因为在他看来，整件事情显然就是一场政治审判。演员伊德瑞斯·艾尔巴身穿一件很像曼德拉当时所穿的西装，在模拟法庭原型的拍摄现场，用精湛的演技重现当时那场审判。这是电影《曼德拉：漫漫自由路》的其中一幕。他通过对细节的细腻把握，再现了那扣人心弦的时刻，并以此为核心引出曼德拉的整个故事。

其中一名被告卡特拉达说，他们的律师布拉姆·菲舍尔告诉他们：“伙计们，做好最坏的打算。”所有被告都被反复地告知，他们必死无疑，所以抱着这种心态，他们反而变得大无畏了，他们开始先发制人，坦然地面对将要殉难的事实。

曼德拉的律师乔治·比佐斯担心，他的演讲过于绝对，会让政敌占尽便宜，所以他同意在稿子上添加一句“如果有必要”，表明他做好了死的打算，但并不想死。

另一名律师，即后来担任南非首席大法官的亚瑟·查斯加尔森说道：“其实，就在演讲的前一秒，他还在不停地改动稿子。”

正义使人无畏

曼德拉之所以有滔滔不绝的口才，并非得来全不费工夫。他措辞相当谨慎，每字每句都经过仔细斟酌。每次演讲前，他都会在长长的法律便条本上先写下来，然后用不同颜色的笔进行修改，这是他在法学院时就养成的习惯。

后来，曼德拉开始到世界各地出访，在各种大大小小的场合发表讲话，人们仍旧慕名前来听他演讲，尽管这些时候说话内容都由演讲稿撰写人代为起草。

据《洛杉矶时报》报道：

> 这个南非人是赢得美国人认同的少数世界领导人之一。纽约一家当地报纸甚至把他和妻子温妮称为“我们的心肝宝贝”。上周曼德拉到达华盛顿，在美国国务院总部会见国务卿詹姆斯·贝克三世也引起了不小的轰动。

“楼里的每位外交人员都想一睹他的风采。”一位非洲事务分析员说道。

美国的黑人社区也因为他的到来感到欣喜若狂。华盛顿的黑人大学霍华德大学的政治学教授罗恩·沃尔特斯说道，曼德拉那“雄辩、力量、语言的一致性和言语中流露出的智慧”堪比马丁·路德·金，尽管曼德拉提出用暴力实现南非黑人的解放，而马丁·路德·金是非暴力运动的先驱。

1990 年，曼德拉携夫人温妮带着鲜花到马丁·路德·金的墓地拜访。他说，他认为如果非暴力能实现目标的话，那的确是个不错的政策。后来，他在亚特兰大这座被人称为“忙碌得没时间怨恨”的城市里，援引了马丁·路德·金的《我有一个梦想》（*I have a dream*），做了演讲。

曼德拉没有马丁·路德·金那种牧师布道式的演讲风格，但这没关系，过来捧场的人挤得人山人海，曼德拉似乎感觉到南非的反种族歧视斗争与美国的已经紧密相连。

很多人都被他的语言征服了，而不仅仅是被他的讲话方式。

很少有人拥有勇气去公开面对哪怕仅仅是轻微的批评，正如大主教德斯蒙德·图图所说：

> 当你拥有正义时，你就不需要畏首畏尾了，基本上你只

要说真话就行。我想，你起码会坦荡得多，不需要像其他人一样，总是心虚："喔，我不会说漏嘴吧？"有人说，他是天才；也有人说，他是个糟糕的公众演说家，是的。但是，他能让听众激动不已。我不确定，人们到底是在听他说的内容，还是在看他如何展示自己。不过这都不重要了，因为无论何种情况，都只能说明，他口才很棒。

1951年，神情忧郁的纳尔逊·曼德拉，旁边是记者露丝·弗斯特。（尤尔根·沙德伯格 摄）

Forgiveness

Empathy for Afrikaners, and faith in peace and reconciliation.

宽恕与自由

是痛苦的宽恕，还是痛快的报复？常人都会选择后者，但若曼德拉也如此，南非将面临一场种族浩劫，曼德拉及非国大不可能赢得这场战争——南非政府军在非洲所向披靡。只有宽恕，才能换来民主平等。曼德拉的伟大就在于他牺牲个人的感受换来了南非的安宁……

当我走出囚室迈向通往自由的监狱大门时，我已经清楚，自己若不能把痛苦与怨恨留在身后，那么其实我仍在狱中。

（纳尔逊·曼德拉）

是宽恕，还是战争?

曼德拉之所以能赢得数以百万计的支持者，尤其是西方支持者，主要是因为他具备一种特质——懂得宽恕。曼德拉在与南非种族隔离政府达成和解时，有一个既定原则，即为了广大南非人民的利益，宽恕那些妨碍自由的敌对势力。宽恕，但不遗忘!

很多遭遇极其悲惨的黑人领袖也基本同意和解，只是他们的态度并不像曼德拉那么积极。与曼德拉一同遭受牢狱之灾的卡特拉达坦言："刚获释那段时间，我根本没办法原谅把我们抓起来的那伙人，不过现在已经可以了。而曼德拉一开始就认为，如果宽恕能让大多数人获利，那就宽恕吧。"

曼德拉支持图图大主教发起的真相与和解过程，同意就种族隔离制度的罪行召开听证会。在这个过程中，根据"恢复性司法"的原则，违法者可自愿坦白罪行，寻求大赦、甚至宽恕。事后，图图说道："很多人担心的动荡和不稳定并没有发生。为什么呢? 嗯，首先，我们得到了上苍的庇佑，如果这个世界真有奇迹的话，那么南非就是发生奇迹的最理想之地。而且，我们十分幸运，能在历史的关键时刻出现纳尔逊·曼德拉这样的人物。他被囚禁 27 年。多数人都想当然地认为，获释后的曼德拉，心里一定充满了报复的欲望。但让世界为之惊讶的是，他并没有让报复蒙蔽心灵，相反，他号召人们和解，并且邀请之前囚禁他的人做特邀嘉宾参加他的总统就职典礼。最棒的是，曼德拉并不是唯一同意宽恕与和解的人。还有其他不那么赫赫有名的人，不论男女，都是我们这场斗争真正的英雄豪杰。”

必须提醒读者注意的是，种族隔离不仅仅指的是白人针对黑人和其他有色人种的恶意甚至是犯罪行为，它还包括非白种人日常受到的不公正待遇。1999 年,《邮政卫报》的一名专栏作家发表了如下评论：

> 遗忘的过程已经开始。我发现，很多人都不记得，或者说，不希望再记着种族歧视给大多数南非人的生活带来的恐慌。真相与和解委员会揭发出来的不只是无法用言语形容的暴行，还有渗入到日常生活每个环节的人格侮辱：
>
> ★ 在肉店，白人把腐烂的肉扔到黑人顾客面前；
>
> ★ 邮局排队时，白人总有优惠待遇；
>
> ★ 黑人的养老金总是迟迟得不到兑现；
>
> ★ 黑人常常会当着他们孩子的面被白人羞辱；
>
> ★ 卖衣服的白人店员阻止黑人妇女买衣服之前试穿，还对着比她年长一倍的黑人女性大骂“丫头片子”；
>
> ★ 医院忽视黑人患者；
>
> ★ 就算是对黑人进行最普通的质询，穿着警察制服的白人小伙子也总是对他们出言不逊或者直接暴力相向；
>
> ★ 黑人的收入总是少得可怜；黑人“女佣”只能穿破旧的衣服，吃剩菜剩饭。

非国大和反种族隔离运动并没有取得军事上的成功。尽管很多激进分子希望对反人类的罪行做出严厉审判，就像二战后在纽伦堡审判纳粹战犯那样，然而这部分人缺乏真正的实权。事实上，学者们发现，即使是纽伦堡审判，也只有少数纳粹战犯被监禁或被起诉，有些人甚至被无罪释放。曼德拉和其他领导者都意识到，为了最终赢得运动的胜利，必须与“对方”达成一项交易，给对方一些“甜头”。因为他们担心，装备精良、训练有素、捍卫种族隔离政权的白人士兵会试图破坏南非新的制度安排，甚至不惜发动战争。而他们，不希望战争，更没有把握赢得这场战争。

心理学家朱迪思·里奇写道：

> 看看曼德拉的成长及生活生存环境，你很难想象他会作出别的选择，因为他深受非洲传统“乌班图”文化的熏陶，这种非洲文化传统的精髓在于，“我之所以为人，是因为我有归宿，我参与、我分享”。如果我们想了解什么是人道，可以看看纳尔逊·曼德拉，他是最值得研究的典范人物。
>
> 要宽恕囚禁了他27年半的人，他一定是了解并且信奉着某些常人无法理解的东西。他从监狱出来时说道：“当我从这扇门出去，走向自由的时候，如果我无法放下所有的愤怒、仇恨和痛苦，那么我的心将永远无法获释。”他必须说服自己相信人类的本性善良，也努力让自己学会宽容。他必须践行这一信念，看淡招致他长年入狱的那些人和事。

然而，他的宽恕不仅限于口惠，而是转化成了实实在在的行动。记得1992年，我到达约翰内斯堡，与律师乔·斯洛沃一同坐在他家后院，听他讲述曼德拉为什么会主张妥协，吸引他之前的敌人反过来支持他，或者至少是参与他的事业，共同建立一个由全民选举的政府：“对方控制着所有的武器、警察和军事机构；而非国大没有。”斯洛沃援引了智利总统萨尔瓦多·阿连德被推翻后在智利国内引发的腥风血雨。曼德拉清楚，革命只会招来反革命，所以他制定了新策略来拉拢自己的敌人，让他们成为新制度的利益攸关方。

曼德拉也要安抚他的支持者，特别是说服那些惨遭种族隔离制度迫害的支持者，放下心中的不平，支持与敌人妥协的政策。

他也知道，南非从未真正太平，各个地方的起义风起云涌，在这个过程中，不少黑人和自由战士也同样犯了罪。就连他的妻子温妮也被指控涉嫌参与杀害一个年轻的活动家，后来面临指控，虽然最后的判决只是参与了绑架。

种族仇恨悲歌

在曼德拉式的宽恕中，曾发生过一件令人痛心疾首的事。这是关于一位年轻的美国活动家艾米·别尔的故事，她是曼德拉的支持者，慕名前来南非担任选民登记员。然而，就在即将离开南非的时候，她惨遭不幸，这场悲剧发生在 1993 年 8 月 25 日。

她去南非之前专门来纽约我的办公室找我，向我询问关于南非的问题。艾米是个精力充沛且富有理想的年轻人，她全力支持南非的民主进程。她问的很多问题都体现出了她的智慧和思考深度，她的认真和专注给我留下了深刻印象。

之后有一段时间我们没怎么联系，接着就听到了她的死讯。听说她在开普敦附近被一群黑人小孩蓄意谋杀，那些孩子被怀疑是反对白人的组织——泛非主义者大会（PAC）的成员。这则消息被广泛报道后，凶手很快落网。他们对自己的罪行供认不讳。

凶手坦承，他们是被反种族隔离思想驱使才作案的，被判有罪后，他们请求宽大处理。警方向艾米的家人征求意见。

起初，艾米的哥哥和姐妹都希望严惩凶手，但她的父母从艾米的角度思考了这个问题。他们知道，如果艾米还在，她一定会支持真相与和解委员会的做法。所以，当委员会建议大赦时，艾米的家人同意了。

艾米死后，他们还以她的名义成立了一个基金会，专门帮助南非的青年人。

多年来，我一直跟踪报道这个故事。2012年，艾米的母亲琳达·别尔来南非，我邀请她观看了《曼德拉：漫漫自由路》的摄制。我们一边聊一边向仿造曼德拉在索维托市郊奥兰多西威拉卡兹街上的那间三居室住房走去。琳达·别尔向我讲述了女儿艾米如此关注南非的缘起：

> 20世纪80年代，艾米还是斯坦福大学的学生时就开始关注南非问题，曼德拉的故事对她的人生产生了重大影响，曼德拉成了她心目中的英雄。1992～1993年，她以富布赖特学者的身份，在南非研究如何保障女权和消除种族隔离。就在她返程的前两天，在开普敦附近的一个小镇，她被一群歹徒从车上拽下来，被刺身亡，当时正值南非大选前夕。只两天，艾米就可以返回加州与家人团聚。
>
> 他们经常在这一带秘密潜伏，迫害白人，他们误以为她也是压迫者。他们游荡在街头，聚集在一起唱着解放的歌曲，他们没有仔细去调查她到底是个什么样的人，就鲁莽地认定她是敌人，所以就对她下了毒手。
>
> 这些年，南非逐渐建立了真理与和解委员会，犯人只要愿意认罪，如实交代作案过程，他们就可以请求赦免。1998年，艾米案中的4名罪犯在普通法院审判和定罪后，被当庭释放。
>
> 你必须记住，纳尔逊·曼德拉是艾米的英雄，那么曼德拉代表着什么呢？他代表着为了国家和人民的自由付出一切牺牲，他希望国家能够实现无种族歧视的民主。如果我们家不支持真理与和解委员会的决定，艾米一定会非常失望。
>
> 我认为，当你迈出第一步，根据自己的信仰做出一个决定，你应该明白自己不可能取悦每个人。所以，我们还是赢得了

许多的朋友的。因此，艾米被害20年之后，我还是愿意来到此地，而且还带来了专门帮助南非年轻人的基金会。

我真的很爱我女儿，我也真的热爱她信仰和追求的事业。如果我有那份心力去谴责我的女儿、家人和我已故的丈夫，那我还不如化悲痛为力量，去支持他们所信奉的事。这是一件公众的事，我从事时，却多少带着一份私心，但我会努力做好两者间的平衡。我也希望我的女儿能为我感到骄傲。

我们一边聊着，一边看着许多群众演员正在为下一场戏作准备，他们都是黑人男性、女性和儿童，有些就是来自艾米遇害的那个镇上。

“对您而言，《曼德拉：漫漫自由路》这部电影有什么意义呢？因为您是用一种特殊的方式被卷入了南非的自由事业，成了南非实现民主过程中的重要参与者，是人们眼中的英雄。”我好奇地问。

“很多人，特别是在美国，会问我：‘曼德拉这部电影想说明什么呢？’我就会拿出曼德拉的书，对他们说：‘来，先看看这本书。’而且，我还认识电影的制作者，我知道这部影片他们花了很多的心血。对他们而言，创作过程也是长路漫漫。事实上，南非能拥有今天，也经历了漫长而艰难的过程。这部电影对我而言有着非一般的意义，是的，它的确非同寻常。我认为，全世界人民也许还应该再好好听一下这个故事，因为有些讲述种族隔离激进分子和种族隔离史的故事并不是那么恰当，而南非应该为世界上与它有过相似遭遇却仍战火纷飞的国家树立一个良好典范。我想，它依然是这方面的典范。世界上还有那么多类似的问题没有得到妥善解决，这个故事对其他国家和地区有着很好的借鉴意义。”

像琳达·别尔一样，依循曼德拉的脚步，学会宽恕，实属不易。这是一条艰难的道路，但她在用实际行动告诉我们，宽恕虽然很难，但依然可以做到。

2008年8月，曼德拉在访问南非的一间小学，并庆祝90大寿。

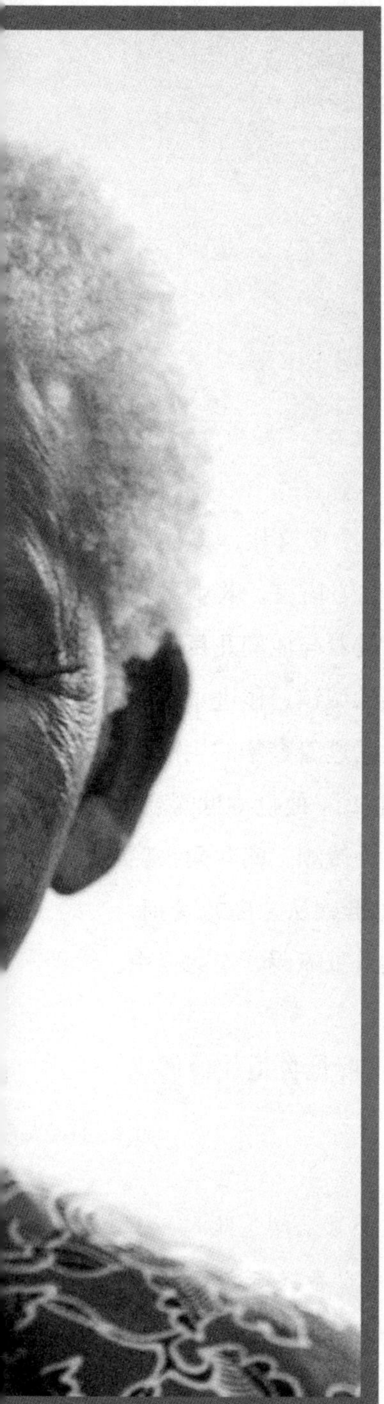

Global

An international outlook. Global travel and the ability to galvanize support worldwide.

世俗圣人

曼德拉带领南非冲破重重障碍，走向平等。然而，种族平等只在于法律层面；经济上，“富有的白人与贫穷的黑人”依然对立严重，种族平等远未实现。此刻的曼德拉却被西方国家捧上了神坛，誉为与麦当娜等明星一样的全球偶像。如此大肆吹捧，到底意欲何为？

我已经演完了我的角色，现在只求默默无闻地生活。我想回到故乡的村寨，在童年时嬉戏玩耍的山坡上漫步。

（纳尔逊·曼德拉）

想当普通人的全球偶像

曼德拉是个土生土长的南非人。他在南非这个多文化、多民族国家的很多地方都生活过，学会了南非的 11 种官方语言，其中不少是少数民族和部落语。许多出生在南非的人依然过着与他们几百年前祖先一样的原始生活；也有些人涌向了黑人聚集的城镇，住进了著名的棚屋区，生活陷于贫困；当然，也有人在别墅区过着奢华的生活。

曼德拉过着与大多数南非人一样的生活，但同时，他也举世闻名，他属于世界。他的名字家喻户晓，他的故事被广为传颂。南非向来腐败丛生，到处都是自私自利的政治领袖，但他的形象从未因此受损，反而随着时间的流逝日益生辉。他带领南非冲破重重障碍，走向自由平等。他的心路历程也是南非历史的写照。

制片人大卫·汤普森曾经说过，曼德拉的国际地位迫使他们觉得自己担负着特殊使命，要讲好他的故事：

> 曼德拉真的是绝对的偶像。他可能是这个政治动荡此起彼伏的世界中，唯一一位光辉形象完好无损的世界级领导人。我指的是，也许变化随时会发生，人们的幻想随时可能破灭，只有曼德拉留下的财富毫发无伤。

他是人民的杰出榜样，他本人就是最著名的品牌，也许知名度仅次于可口可乐。他给予人们无穷的力量，不动用暴力和报复就能令一个国家完成剧变，这样的傲人事迹让他成为众人心目中当之无愧的榜样和英雄。

我和电影导演贾斯汀·查德维克一直在探讨，如何才能避免神化曼德拉。

查德维克说，他想讲的是一个真实的人为实现理想而奋斗的故事，同时要展现这个过程中人物的内心挣扎。他说，悉心研究曼德拉，把他当成大多数人中的一员来解读，而不是当成偶像来膜拜，这让他获得了新的视角："就是把他当成你不熟悉的对象来学习和了解，挖掘背后的故事。结果你会大吃一惊。你会发现很多人情味的东西。对于电影来说，这一点尤为重要。你知道，我们绝不能一味美化曼德拉，应该如实展现曼德拉本来的模样。与他的家人聊天让我受益匪浅，因为他们说，请把他当普通人来看待。"

但是，到底是什么让曼德拉如此与众不同呢？

我想，并不是下面的某个特定的原因，不是他的政治成就、诺贝尔奖、他的坦诚、谦卑、勇气或者他在预防艾滋病宣传方面的贡献，而是背后更深刻的原因。那些仰慕他的人中有多少敢于作出像他那样的决定，或者敢于冒他所冒的风险？更何况，他当时已经是一名"小有成就"的律师，本来可以过着高枕无忧的日子。

然而，在一次又一次的民意调查中，曼德拉都是举世公认的世界上最受欢迎的人，堪称世纪人物，这份殊荣通常只授予那些笑容迷人、相貌堂堂的明星。

全世界的新闻媒体都基本给予他正面评价，曼德拉一直深受赞誉。无论他出访世界各地还是在大学里发表演讲，媒体都给足了面子，进行密切跟踪报道。曼德拉的新闻总是深受读者喜爱。

“曼德拉神话”背后有阴谋？

但是，并非曼德拉身边的所有人都喜欢他被称为全球“偶像”。

史瓦济兰大学的弗朗西斯·卢克海勒在《加拿大非洲研究》杂志上指责好莱坞神化曼德拉的倾向：“纳尔逊·曼德拉成了全球偶像，同时也被抬上了神坛，人们不愿意对他抱有丝毫的怀疑，生怕这会玷污了他的圣洁。然而，克林特·伊斯特伍德于2009年执导的电影《成事在人》引入了一个新的思考角度，它引发人们思考美国电影产业在塑造曼德拉国际形象过程中的作用。”

这篇文章似乎冒了天下之大不韪，它激进地认为，为了将出狱后的纳尔逊·曼德拉“塑造”成全球英雄兼世俗圣人，好莱坞显得有些“过分”了；这对于花了近30年才能实现南非解放的属于“大众”的曼德拉来说并非一件好事。文章认为，神化曼德拉的受益者实际上还是那些华尔街的大亨，他们故意借此扭曲南非的文化和历史。

批评人士对曼德拉的名声怀着一种既钦佩又不屑的矛盾心情。一个专门跟踪名人净资产的组织认为，曼德拉的身价达1 500万美元。1990年曼德拉出狱时，他的银行账户一无所有。名流界很欢迎曼德拉的加入，因为这似乎为他们这个原本虚妄浮华的圈子增添了更多的严肃性和使命感。

我曾经就此采访过南非著名作家恩加布罗·恩德贝勒。他说：

> 我认为，一个社会中，名人文化之所以存在某种危险主要是因为它很容易将一切简化，流于肤浅。它使人们误以为，单凭一些貌似反映社会现实的口号和声明就能解决深层次问题，但实际上，这些激动人心的话语跟事实相去甚远。
>
> 我觉得曼德拉竭力避免成为这样一种名人。他总是希望其他人能明白，他身上肩负着更重要的使命。我相信有些国

家和社会可以借助名人解决问题，因为他们的国家和社会在过去几十年甚至几百年中已经形成了较为完善的制度，不会发生突然崩溃。而我们还处在脚踏实地打基础的阶段。如果沉溺于被名人文化包装的完美，并且一厢情愿地认为这背后有着深刻的根源，那就太危险了。

在很多人看来，曼德拉是位圣人。于是我问恩德贝勒：“你是否认为曼德拉被神圣化了？”

他回答道：“我认为，人们将他视为圣人这一点不难理解。因为我们身处的世界并不完美，人们渴望见到一些完美的典范。不过，连他自己也承认，他并不完美。阅读他的人生经历，我们不难发现，他也经历过怀疑、痛苦和折磨。最典型的例子是，他得知儿子身亡的噩耗时的反应。这种打击无疑是毁灭性的。当时的他就是一位父亲，而不是什么圣人或偶像。我们可以看到，他就是与我们一样的普通人。”

曼德拉并不假装自己是个无所畏惧的勇敢之人。在 1994 年总统竞选的过程中，曼德拉乘坐一架小飞机前往南非纳塔尔省向支持者发表讲话。就在飞机即将着陆 20 分钟前，飞机的一个引擎突然熄火。最后，在飞行员的努力下，飞机终于安全着陆。曼德拉走下飞机，坐进防弹轿车后，说道：“我当时吓坏了！”

在漫长的奋斗岁月中，曼德拉也不时感到恐惧。他说：“我当然害怕，我不能装作勇敢无畏，假装能够打败整个世界。”

非国大的老臣帕洛·乔丹一直负责非国大的对外宣传，他在外流亡多年，之后返回南非。他向我解释了为什么大多数媒体会将曼德拉塑造成一位全球名人：

鉴于我们身处的环境，把这样一个人塑造成名人是不可避免的。20 世纪，由于电子媒体的传播，许多人物都广受追捧，

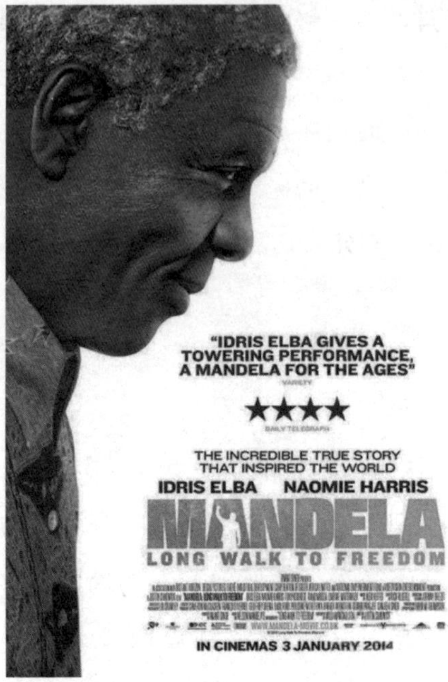

电影《曼德拉：漫漫自由路》英国版海报。

成了名人。名人光环所带来的诱惑是巨大的，但同时曼德拉也因此付出了代价，因为这不符合他真正的追求，他是一位政治活动家、一名有着法律专业背景的领导人，他的理想不是成为名人。

近28年的铁窗生涯让他成为一个标志性人物，他的名字始终与为南非政治犯获得自由进行的奋斗和运动紧紧联系在一起，这可能在某种程度上为他出名起到了推波助澜的作用。

当今世界是否需要这样一位名人还有待商榷。但对曼德拉来说，单纯把他定义成名人似乎过于狭隘，也有失偏颇。其实曼德拉是一名自由斗士，他有着与甘地、马丁·路德·金等早期自由战士一脉相承的信念和传统。

我们可以因为他取得的非凡成就去祝贺他，但单纯把他看作名人，把他看作像麦当娜一样的明星，其实并不太妥，因为那并不是真正的他。

导演贾斯汀·查德维克在《曼德拉：漫漫自由路》中努力不把曼德拉塑造成名人。他说："这感觉不够慎重，也不'值当'。在片子的筹备过程中，我们就非常注意这点。安南特辛、戴夫、制片人、编剧尼克尔森和我都一直谨记这个原则。我们如何才能吸引观众？当然是通过人物的塑造。要让观众全面、立体地了解这些人物。他们有血有肉，像我们一样吃喝拉撒睡，他们有优点，也有缺点。"

1990年，曼德拉在索韦托发表演讲。

Humble

Origins and an austere lifestyle. Making his own bed. Interest in the lives of ordinary people.

权力前的谦卑

名人自传是什么？本质上离不了自我吹嘘。作为全球最受欢迎的人物，曼德拉却不太自信地说：“我那么平凡，我的自传怕是会严重滞销。”这句话得让多少“名人”自愧难当！

我那么平凡，根本没有勇气立自传。我相信，围绕我写的作品只能向世界展示一个资质平庸的人。我没什么可以自我标榜的资本。

（纳尔逊·曼德拉）

哀悼缺席的时光

如果你相信曼德拉不是圣人，就像曼德拉本人常常说的，如果你认为他是个普通人，只是过着并不普通的生活而已，而且大多数时候，这种不普通的生活也非他内心所愿，那么你就会发现看似高不可攀的他，也拥有一种平凡人的品质：谦卑。

安南特辛向他提出请求，把《曼德拉：漫漫自由路》的电影制作权授予给他时，曼德拉还在监狱里。他似乎被这个提议打动了，他知道安南特辛之前制作过不少反对种族隔离的电影。但他在信中问的一个问题让安南特辛颇为惊讶："你真的认为有人会对我的故事感兴趣吗？"

也许因为他入狱多年，也许因为他比较闭塞，还没见过南非之外的世界，或者简单地说，也许因为他的思维还停留在20世纪60年代的南非，他还不了解自己有多少的追随者，也不了解自己的支持者热情有多高。但是，还有一些别的原因……

为了进一步了解情况，我采访了诺贝尔文学奖得主、南非作家纳丁·戈迪墨，她擅长把握作品中复杂的人物性格，而且还近距离接触过曼德拉。她对我说，曼德拉是个普通人。以下是我们之间对话的部分摘录：

在近几年，我与曼德拉的联系主要是通过他的律师乔治·比佐斯，乔治经常邀我一起吃早餐，最近曼德拉也加入了。

是的。他会来吃早餐。因为他现在吃早饭了，他体力已不如当年，只是他吃得比较晚。他会邀请我们与他共进早餐，我们也会回请他。

他早饭吃得相当丰盛。但是，你知道，这时候他已经不经常走动了。所以我不太清楚他是不是胃口一向都那么好。但是他说话，谈论问题，还是那么尖锐，逻辑严密，思路清晰。

他很有先见之明，如果他认定你是他的同志，值得信任，那么他就会对你非常热情、坦诚。然而，我们之间最不同寻常的一次往来，其实有些伤感。

不过首先我想说这样一件事。他还被囚禁在罗本岛的时候，我收到过他的一封来信，应该是由乔治秘密带出来的。这之前，他让人悄悄地把我的一部作品《伯格的女儿》（*The Burger's Daughter*）带进监狱。这本作品讲述了一个时常进出监狱、到处流亡的人，他的家人和孩子的生活。他一直很想看看这本书，就托人带进了监狱。看完后，他写信给我。我很珍惜他的来信，这封信给了我很大的快乐和满足，起码它让我相信，我写的东西有价值。

当然，中间还发生了一些不幸事件。我们都知道他从某个地方走了出来，不是罗本岛……而是维克多·维尔斯特监狱，对，就是维尔斯特。当时有美丽的温妮陪伴在旁边，与他手挽手。但是，他回家后发现，他与温妮再也回不到过去，他们的婚姻已经名存实亡。所以那天我见到他时，他情绪十分低落。

那不是伟人纳尔逊·曼德拉，他就是个普普通通的人！面对挫折，他会像我们一样失望、悲伤。

戈迪墨停顿了一下，想理清思绪，尽快切入重点。

我认为这是人之常情，他与自己深爱过的女人婚姻破裂，感到很伤心，这是正常的反应。之后不久，我就看到他能很妥善地处理与温妮的关系了。大约一年前，或者是一年半之前，我去拜访他，我已经记不清乔治当时有没有在场。我只记得我们在一起喝茶、聊天、吃东西，这时，他女儿回来了。她把车停在外面，然后走了进来。我们彼此打了声招呼，因为她是我儿子的校友，所以我以前就见过她。我们聊了一会儿，她起身拥抱她父亲。曼德拉说，来吧，跟我们一起喝茶。但是女儿说："不了，因为妈妈还在车里等我。"他说："什么，在车里？让她进屋来坐啊。"女儿就走出去，把温妮迎了进来。曼德拉走过去与温妮拥抱了一下，我想，这种做法很正常。虽然他们已经离婚了，但他们还有共同的家人和孩子，不管孩子是不是已经长大了，他们依然拥有很多共同的东西，他们的生活有很多重叠的部分。

所以我认为，从某种程度上说，恰恰是因为多年的铁窗生涯、他在家庭生活中常年缺席，使他更加懂得家人和孩子的珍贵。

拓宽政见

阿米娜·卡查利亚是一名积极投身反种族隔离斗争的南非印度裔女政治家，她与曼德拉关系密切，也近距离地感受过他的温情。2012年，她去世后，她的女儿透露，曼德拉曾向阿米娜求过婚，但被她拒绝了。

2012 年 8 月，我有幸采访过阿米娜，这极有可能是她生前最后一次接受别人的电视采访。这之后过了半年，她的回忆录正式出版，里面有很多她年轻时的照片，每一张都是那么迷人。

我问她，他们是怎么认识的。她说，一开始她就被他英俊的外表征服了，当时她正打算与南非印度人大会的活动家尤瑟夫·卡查利亚结婚。

“除了英俊的外表外，他还有哪些吸引你的品质？”

“他看起来和蔼可亲，我心想：‘这小伙子不错，我想认识他。’”

“真的吗？他对你也有同样的感觉。他被你吸引，为你倾倒。他看到了你身上有很多让他感觉很舒服的品质。”

“我不知道这个情况。但我们真的成了朋友。相互有那么点儿意思。我们成了朋友，接着成了很好的朋友，之后几年，我们的友谊更加深厚了，直到后来他进了监狱。”

“他的哪些领导特质或政治品质给你留下了深刻印象？”

“我第一次见到他的时候，我觉得，他看起来真的像一位领袖。他有一种与生俱来的领导力，让人忍不住仰望他，他只要走进某个房间，就会迅速成为众人瞩目的焦点。那时候，我觉得他身上就带着这种光环。”

“是因为他穿着得体、口才了得吗？”

“的确，他总是穿得很得体。我从来没见过他只穿着背心和裤衩出来见人。他习惯了把自己收拾得很体面。”

“他在表达自己的政治观点时，是否总是那么口若悬河？”

“那时候，我从来没有见过曼德拉在非国大或印度人大会上谈论政策、问题时的样子。我不在领导层或决策圈里。我是一名活动家。尤瑟夫、尼尔森、沃尔特和达多等人才能参加那样的会议。所以，我没进入决策层，不过后来我加入了南非印度青年会。我一直是印度人大会的成员，所以我就无法加入非国大，因为当时它还是一个民族主义性质的组织，他们只吸纳黑人成为该组织的成员。”

"这个变化还挺有意思的，对吗？曼德拉刚步入政坛时，主张民族主义，后来慢慢地拓宽了他的政见。"

"是的，其实没过多久，他的政治主张就扩展了。他的确是通过非国大这个民族主义组织步入政坛的，可能因为他当时不信任其他组织和个人……有传言说，他曾经让我的丈夫尤瑟夫下不来台。我当时不在场，没有亲眼见到。很多年后，我当面问他：'你为什么要那样做？'他说：'不，我没有故意让他难堪。我没有当众让他住嘴。我只是跟他说话时，言辞比较激烈。'这就是曼德拉的回答。那时，他还是一个民族主义意识非常强烈的人。我对他说：'那些年，你可能并不信任我们。'他回答：'嗯，其实那时候我不敢相信任何人，因为在那些年里，形势极其艰难，我们必须警惕每一个号称与我们并肩作战的人。'"

我插嘴道："不过，他也与很多不同种族的人建立了深厚的友谊，比如乔·斯洛沃和露丝·弗斯特等。还有其他很多人与他彼此赏识。他对其他种族的人似乎抱着很开放的态度，是吗？"

"是的，他很快就对他们毫无芥蒂了，他意识到这些人说话做事都很用心，而且是绝对真诚的。特别是乔·斯洛沃，他很喜欢乔。我还记得乔去世时的情形。那天早上，他打来电话告诉我：'你必须赶紧过去，乔死了。现在就带着尤瑟夫去乔的家，你们要在大家都到之前赶到那里。快去安慰下他的家人。你们现在能过去吗？'我说：'行，我们立即过去。'所以我和尤瑟夫马上赶到乔的家里。我记得我当时对尤瑟夫说：'曼德拉可能还不知道自己以后会多么怀念乔呢。'"

"他们都很有幽默感，乔和曼德拉都很幽默，你觉得呢？"

"哦，是的，的确如此。他俩出狱后，常来福德斯堡跟我一起吃饭，他们说话总是妙趣横生。以前，乔和曼德拉常常会约我和尤瑟夫一起吃饭。"

我们之间的谈话有些琐碎，但是很显然，阿米娜的话中不时地

流露出对曼德拉深深的爱意，当然也夹杂着一种失落。阿米娜的女儿说，她的母亲曾告诉她，即便曼德拉 80 岁时，已经与格拉萨·马谢尔结婚后，他还想过要亲近阿米娜。据说阿米娜拒绝以身相许。就我所了解的情况，曼德拉本人没有说过这件事。

阿米娜·卡查利亚因为反对种族隔离，也遭遇过软禁，她本身也是圈子里响当当的人物。她了解曼德拉的所有生活细节，包括他最爱吃什么。他们之间没有秘密。事业上，他们是共同进退的战友；生活中，他们是知己。

"你与曼德拉建立了非常亲密的友谊？"我想引导她多说一点他们之间的事，但她的回答似乎很小心翼翼。

"我们之间的亲密程度……他谈论问题、看待事物的深度，总是令众人艳羡。"

她只说了这么多。

我能感觉出她向我保留了很多东西，她为什么要说呢？毕竟，我们不过萍水相逢。

"从我们最初认识他到后来，尤瑟夫、尼尔逊和我一同度过了许多美好时光。我看到了一个真实的曼德拉。我们常常有说有笑地谈论人和事。我们不是在开会，而是私下谈话，比如一起吃饭、聚会、上朋友家串门或者恰好一起看电影时。我确实跟他看过一两次电影。他说，我们一起看过《十诫》，但我对此没什么印象，我只记得我们去过亚历山德拉镇。"

曼德拉居然看过《十诫》！很多年后，他的一些热心粉丝甚至认为《十诫》是他写的。我得澄清一下："我的意思是，很多人将他视为偶像，甚至是圣人，而他只把自己当成普通人。所以，人们多数是从远处仰视他，他可能只是一个符号、象征或概念，而不是一个真真切切的人。你应该像看待普通人一样去看待他。"

阿米娜平静地回应道："我从来没把他当成遥不可及的偶像。我知道很多人都把他看成偶像。但是对我来说，他就是纳尔逊·曼德拉。他能如此举世闻名，是因为他对南非人民乃至全世界做出的贡献。”

“我那么平凡”

还有一件事能证明曼德拉的谦卑：你可以从他给法蒂玛·米尔写的信中，真切地体会到这一点。法蒂玛·米尔是他的朋友，后来也成了他的传记作家，他在信中告诉她，他不想写自传的原因：

> 问题在于，很多成功者都喜欢某种形式的虚荣。他们觉得，自己的人生某个阶段是可以自负的，他们愿意向公众吹嘘他们的非凡成就。英语国家中对这种自夸做法有个委婉表达，那就是写自传。自传中，常人所具有的缺点都变成了彰显作者成就的砝码。我可能没办法坐下来把我的背景胡侃一气。我没有什么傲人的成就可以自夸，也没有高超的写作技能来美化我自己。我那么平凡，根本没有勇气立自传。我相信，围绕我写的作品只能向世界展示一个资质平庸的人。我没什么可以自我标榜的资本。如果我写自传，其出版可能会被无限期推迟，恐怕得等到我死后吧，而且前提是我得在书中说些言不由衷的话。只有死人才不用担心某一天会真相大白。如果我通过沉默来维持的形象有一天被毁了，那也是子孙后代的事，与我们无关。

米尔在她的书中评论此事：“这是 1971 年，他作出的非凡的自我评价。” 5 年后，大约在 1975 年，在狱友们的请求下，由他在监狱的同志帮忙编辑、核查事实，曼德拉终于开始提笔写第一辑《勇者曼德拉自传》。我在比勒陀利亚国家档案馆看到了几页被狱警缴获的手稿。有人告诉我，第一辑只写到 1948 年，据说手稿秘密流入伦敦后被一些南非的共产党员看到了，他们读了之后很不高兴，因为曼德拉在书中淡化了他们的作用。是不是因为这个原因，自传才被推迟出版，就不得而知了。

直到 1994 年手稿被修订后才得以正式出版。《时代》周刊主编理查德·斯坦格尔是文稿的主笔之一，历史学家盖尔·格哈特也提供了大量协助。这本传记就是电影《曼德拉：漫漫自由路》的蓝本。

1964年，曼德拉在罗本岛的牢房外与狱友沃尔特•西苏鲁交谈。（克罗抒•布雷坦巴什 摄）

Indigenous

Xhosa traditions, and the abiding interest in and connection to people of all races and ethnic identities.

土著情缘

曼德拉为何如此迷人？其身上的土著情结往往是被人们忽略的一大原因。在如今浮华的年代，多少飞黄腾达者羞于谈及自己贫瘠落后的故土乡园，而曼德拉却从未掩饰自己“乡村男孩”的背景，他毕生都在为黑人，为土著争取平等的机会。与土著人如此深刻的情缘，大概就是连美国黑人都爱他的原因！

请告诉孩子们，非洲人一点也不比欧洲人差。

（摘自曼德拉的开创性演讲《坎坷自由路》）

曼德拉在美国

1990 年 6 月，曼德拉在美国巡游 11 天，共走过 8 座城市，最后一站是加利福尼亚州的奥克兰，这是美国黑人组织“黑豹党”的发源地。该党派的许多政治领袖都致力于反对种族隔离运动，也许是因为奥克兰就像南非的缩影，本身也种族繁杂。

曼德拉此次巡游美国亮点迭出，他在纽约扬基球场、波士顿大道、以前底特律老虎棒球队的体育场、亚特兰大体育场和洛杉矶体育场现身时，都受到了热烈欢迎，但引起最大轰动的是在他旅行的最后一站——奥克兰。当地民众组织了大合唱，还有邦妮·瑞特等歌手加盟助兴，欢迎这位伟人的到来。70 岁高龄的曼德拉经历了连日的旅行虽然已经十分疲惫，但他还是强打精神与民同欢。

当天下午还举行了一场精彩演讲：曾带头在国会山主张制裁南非的当地黑人国会议员隆恩·德姆斯发表了振奋人心的讲话，赢得了听众的阵阵掌声。

整件事情从曼德拉到达机场就开始了。当时，奥克兰强硬派激进分子已经在那列队欢迎曼德拉的到来。其中，有一些美国印第安土著为他准备了一份特别的礼物，还有一封信。这封信他们以前就给他寄过，但不知道他有没有收到。当地人告诉我，他们不仅仅将他视为自由斗士，还把他看作“部落里的手足同胞”，他们身份相同。

政治家通常会让助手帮他们接受来自好心人的礼物。但这一次，曼德拉亲自收下了礼物，还高调表示谢意。他放弃了原本要在奥克兰体育场讲话的稿子，转而呼吁制裁南非，直到南非政府确定选举日期，声援当地美国土著。他说，他很感谢他们精心准备的礼物，也被他们的言论深深感动，他答应以后会来参观美国土著保留区的。这种临时起义的做法让非国大的一些人很发愁，因为他们认为曼德拉干涉了美国的内政；他们知道，曼德拉之前并没有参观保留区的计划，相信也不会做这样的打算。

我当时正在那儿做一个《曼德拉在美国》的新闻专题。曼德拉的表态似乎背离了这些事件的正常桥段。后来，我采访了美国印第安人代表团的两名妇女；其中一人向我讲述了他们听到这番出乎意料的话后的反应："我们都很激动，我们认真地听他讲每一个字。突然，我意识到他是在说我们，是在说我们印第安土著。哦，天哪，真是太不可思议了。"

"他在谈论我们，我们的民族。"另一个妇女哽咽着附和道。我已经忘了她们叫什么名字，但我永远不会忘记她们激动的样子。他们都感激涕零地将曼德拉视为土著人的领袖，是氏族、部落不可或缺的一份子，因为他们有着相似的出身和文化背景。

很多人都没有意识到这一点的重要性，他们最多只是将曼德拉看作非国大的领导人、南非总统，因为他多年的不懈奋斗而敬仰他，但常常忽略曼德拉身上固有的，与土著人的情缘。曼德拉常常会同南非各个传统民族的领袖一同探讨政事。而且，他一向认为自己是"乡村男孩"，因为他是原始部落文化出身的。

对传统的背离与回归

曼德拉的拘谨有时会被误认为冷漠，这与他出生在传统部落世家有关。曾与他在狱中多年交好的马克·马哈拉杰说道："闲暇时我曾问过他：'曼德拉，你有没有给你妈妈和家人讲过笑话，跟他们闹过恶作剧？'他说：'没有，我们从来不这么做。我们不这么做。'我又问，他妈妈有没有抱过他、吻过他。'不，她只会淡淡地说，男孩子要坚强。这句话的意思是，我们刚出生时，还很柔弱，但是当我们逐渐长大，我们就要学会扛起所有事。'所以，我想说的是，曼德拉的成长环境充满着亲密、温馨和安全感，但同时，他的家庭中表达亲密关系又有着严格的分寸，甚至中间有些距离感……所以，他的成长过程又带着一丝冷漠。"曼德拉在传统的科萨部落文化中长大，根据旅行作家亨克·奥茨玛记载：

> 该部落属于恩古尼族的一个分支，在南部大迁徙时来到南非。14 世纪时，第一支科萨族人来到南非，成为南部大迁移的先头部队，比祖鲁部落还要早。
>
> 起初，他们居住在夸祖鲁纳塔尔省圣约翰港附近的姆塔姆武纳河至东开普大鱼河的沿海一带……他们人口约 800 万，占南非总人口的 18%，科萨族是南非黑人的第二大来源。科萨族是南非反对种族隔离运动的发源地，出了不少像纳尔逊·曼德拉和史蒂夫·比科这样的自由斗士。

纳尔逊·曼德拉出生在特兰斯凯首府姆莎莎区的姆巴歇河畔一个叫姆维索的小村，该地位于开普敦以东 800 英里，约翰内斯堡以南 550 英里处。1918 年 7 月 18 日，父亲给刚出生的曼德拉取名"罗利赫拉赫拉"，字面意思为"节外生枝"或者"麻烦制造者"。他的老师梅丁甘小姐给每个学生都取了英文名，叫他"纳尔逊"。

他的父亲葛德拉·汉瑞·孟伐肯伊斯瓦·曼德拉被腾布王朝的国王任命为姆维索的首领。曼德拉的父亲有多个妻子，曼德拉的母亲是第三位妻子。曼德拉是父亲4个儿子中最年幼的，他还有3个姐妹。

科萨族有着引以为傲的传统，他们重视法律、教育和礼仪。每个人都很清楚自己在部落中的地位。他们获得知识的方式是默默观察。曼德拉在家里从来不问父母问题，他必须通过观察自己学习。科萨族勇士的故事在那儿代代相传。按照科萨人的传统，曼德拉16岁时，在一名巫医的主持下，进行了割礼。

曼德拉获释后，在开普敦发表了第一次演说，表达了对土著居民的尊重，他说道："我向我国过去的领导者们致敬，你们中的很多人继续沿着亨萨、瑟库库内等伟大英雄们的足迹前进。"

年事渐高的曼德拉逐渐淡出政坛，他搬回东开普敦，住在古努镇的一栋房子里。这栋房子是模仿曼德拉坐牢时，维克多·维尔斯特监狱当局分给他的那间房子的样式建造的。当时，曼德拉虽然还在狱中，却初次体尝了自由的味道。他很喜欢那栋房子，尽管他知道当局在屋里装了很多窃听器。所以他决定按它的样子修建一栋房子安度晚年。

2007年《邮政卫报》报道：

> 南非前总统纳尔逊·曼德拉微笑着看着他的孙子重新接过部落领袖的位置。几十年前，曼德拉放弃了这一职务，选择当一名律师，为反对种族隔离事业奋斗一生。
>
> 32岁的曼拉·曼德拉披着王室的象征物——狮子皮，正式被科萨族的国王任命为姆维索传统委员会会长。

曼德拉自己为背离家族传统做了不懈的斗争，晚年时却试图让他的后人继承曼德拉家族的传统，这不能不说是一种极大的矛盾。曼德拉回到他出生的地方时曾这样说道："回到这个地方，发现这里的一切都没有改变，我能从中发现自己身上的变化。"在他孙子接受任命的那天，曼德拉说："现在，我终于可以死得瞑目了。"

2003年11月28日，南非开普敦，纳尔逊·曼德拉出席在罗本岛监狱旧址举办的“46664活动”的新闻发布会。

Jailed

Prison years. How he coped, how he led.

炼狱里的修行

对许多人而言，蹲牢房意味着绝望，人生从此荆棘遍布，但被关在臭名昭著的罗本岛监狱里，曼德拉学习、教育、种菜、交友……忙得不可开交，似乎黑暗的囚禁生涯丝毫未影响他的信念。你很难判断，到底是罗本岛成就了曼德拉，还是曼德拉解放了罗本岛？以至于政敌也发出感叹：曼德拉之后，狱中再无传奇！

通往自由的道路不平坦。

（摘自曼德拉开创性演讲《坎坷自由路》）

罗本岛：监狱？大学？

我手里握着一把钥匙，这是一把普通的老式金属钥匙，你经常可以看到人们的钥匙扣上串着好几把这样的钥匙。但这把钥匙曾用来开启南非最著名监狱的牢门，这座南非最大的监狱始建于 1961 年，位于罗本岛。罗本岛地处开普敦沿岸，因为那里聚集着海豹而得名的（“罗本”在南非荷兰语中，是“海豹”的意思。——译者注）。

很久以前，罗本岛上住的都是麻风病人和精神病人。岛上一家博物馆这样介绍：“几千年以前，罗本岛上就有人定居，当时该岛屿与开普敦本土间的海峡还没有被水覆盖。17 世纪中期，荷兰人在开普敦定居后，罗本岛主要被用作监狱。非洲本土的领导人、来自东印度群岛的荷兰和英国的士兵、平民、妇女，以及反种族隔离斗士，如南非第一任民主总统纳尔逊·曼德拉和泛非洲人大会创始人罗伯特·索布奎都曾囚禁在岛上。”

早在南非进入现代民主阶段之前，罗本岛就因政治监狱而臭名远扬，后来它改头换面成了世界遗产和旅游景点。1995 年，即曼德拉当选总统一年后，我第一次到了这个监狱，去拍摄一场为了促进双方和解而进行的聚会。作为一名美国电视制片人，我曾参观和报道过不少美国监狱的情况。我不禁注意到，这个规模最大的安全监狱似乎更加残酷和专制，因为囚犯常常一天要在牢房关上 23 个小时，长时间的监禁是家常便饭，而且这里除了像关塔那摩监狱一样使用现代高科技酷刑外，还采用较为原始的暴力手段。

纳尔逊·曼德拉在监狱待了 1 万多天。近 28 年的监禁生涯中，其中 18 年囚禁在罗本岛，这段漫漫岁月可不是一场欢乐的野炊活动。犯人要在石灰采石场从事繁重的体力劳动，回监狱后还要被隔离开来。政治犯的探监次数受到严格限制，而且每名政治犯每 6 个月只能接收一封信。每封信都要被审查,犯人与外界的所有接触都受到监视，特别是所谓的“D 组罪犯”，即被囚禁的政治领导人，曼德拉就属于这个类别。

反对政府的南非公民逐渐学会了颠覆旨在确保种族隔离制度的规则。曼德拉的亲密狱友卡特拉达对我说，他和同志们总是想方设法钻规则的空子：“我们生活的方方面面都受到限制，进监狱后，条条框框就更多，也更严格了。”

我问卡特拉达：“有人告诉我，曼德拉曾说，他希望蹲监狱的日子更长一些，因为他在里面还有很多事要做，这是真的吗？他真的那么老实，那么守规矩吗？他真的心态那么好，已经把坐牢当成了一种积极的人生经历了吗？”

“呃，曼德拉经常说他想念监狱，是因为监狱给了他足够的思考时间，而他在外面或者与我们在一起时，常常无暇思考。后来，他们把他带到了波尔斯穆监狱，与我们分开了，那时，他就有了大把的时间思考。也就是在那个时候，他作出了重要决定，即与对方谈判。”

囚犯们抵抗或试图抵抗监狱严厉的规章制度。同时，他们也利用这段时间充实自己和自己的同志。前辈指导后辈。他们在监狱里开设课程和班级。曼德拉既是学生，又是老师，他鼓动监狱所有人，包括看守一起“学习”。曼德拉曾读过伦敦大学的函授课程，他获得证书后当了律师，之后又于 1989 年获得南非大学法律学士学位。这座监狱后来被誉为“罗本岛大学”，因为这里逐渐成了一个教学场所。

非国大领导人帕洛·乔丹对我说：“我想，进过罗本岛监狱的很多人都会觉得那里像个大学，因为很多来到岛上的政治犯以前几乎是文盲。现任总统就是个典型例子。雅各布·祖马刚到岛上时，只有相当于小学五年级的文化水平。他在岛上学会了读书、写字，而且学会了英语。你再看看他今天的水平。还有很多人压根没受过正规教育。我们就从小学开始手把手地教他们。另一些人来的时候，最多只有函授大学文凭，获释后都获得了正规大学学位。”

卡特拉达告诉我，政治嗅觉很灵敏的囚犯最想了解的还是外面政治斗争的最新情况。于是，他们贿赂监狱看守，弄来报纸。也有黑人女佣替狱警打扫房间时，偷报纸回来给他们看。当然，他们还偷偷藏了收音机，有时候会收听新闻。

许多囚犯都幻想过越狱，有些人甚至还付诸行动。1969 年，一次越狱行动被当地官员破坏了。后来，又有一次越狱计划要求直升机的配合，被位于卢萨卡的非国大拒绝了。非国大领导人都十分小心，他们担心囚犯一旦越狱失败，会被枪毙。曼德拉在狱中花了大量时间阅读托尔斯泰和温斯顿·丘吉尔的作品，他还读了布尔战争史和许多政治家的传记。除了学习南非荷兰语，他还研究了宗教，包括伊斯兰教，并参加了基督教礼拜，尽管他从不信教。

岁月很暗，曙光未亡

但是，罗本岛的囚犯并不总是相处甚欢的。曼德拉经常与强硬的斯大林主义者加尔文·姆贝基争论政治问题。有趣的是，曼德拉担任南非总统时，加尔文的儿子塔博·姆贝基是他的副总统，后来曼德拉退位后，他又成了总统。塔博曾说自己是“撒切尔主义者”，他执政时对左派始终保持敌意。

1975 年，有个秘密备忘录从罗本岛流传了出去，里面透露了非国大的“内部分歧”，这份备忘录出现在一本学术作品集上。备忘录表明，非国大“有很多秘密的情报交流渠道”，它同时也显示了非国大的决策层，即包括曼德拉在内的“最高机构”中存在分歧。有些问题还涉及个性，有人甚至质问，曼德拉等领导人是否懂得自我批评。囚犯们普遍认为，“最高机构的领导人应该为党内不和负全责”。当这些问题的“报告”返回给犯人们时，文件总结道：“会议通过绝大多数人表决同意，重申了曼德拉在罗本岛监狱对大会运动的领导权。”

曼德拉刚刚登上罗本岛时，他有着怎样的预期？我采访了第一批去狱中探望曼德拉的人——律师乔治·比佐斯：“这本书的书名《漫漫自由路》（即《勇者曼德拉自传》，英文书名为 Long Walk to Freedom，直译则为“漫漫自由路”。——译者注）取自一句俗语，它概括了从监狱走向自由的漫漫长路。虽然他得知非洲其他地方的非殖民化进程，感到备受鼓舞，但他也清楚地知道，南非的白人统治政权一定会做长时间的垂死挣扎。所以，可想而知，他要在监狱做漫长的等待。但是，他在监狱从未流露过丝毫绝望，因为这对外面相对自由的同志们继续奋斗没有什么益处，而且效果极有可能适得其反。”

曼德拉纪念中心主办的档案网“奥马利档案”曾经问比佐斯：“你在监狱见过他，他好像得到了看守们的特殊待遇。你有没有看到什么具体细节？”

比佐斯回答：“我第一次去探望他时正值隆冬，我在咨询室等他，然后他被看守带了过来，共有 8 名看守陪着他，前后左右各两名。一般，犯人都不与看守坐同一辆车的，很明显，曼德拉是个例外。他们是一起坐着敞篷车，来到这个咨询室的。我走过去，绕过前面两个看守，抱了抱他，说道：‘你好。’他也问候了我一下，立即问道：‘温妮还好吗？’接着，他缓过神来说道：‘不好意思，乔治，我还没向你介绍我的这些礼宾队的朋友们。’然后，他一一介绍了每位看守的名字。

1964年，曼德拉在罗本岛的牢房外与狱友沃尔特·西苏鲁交谈。(克罗特·布雷坦巴什 摄)

这时，轮到看守们大跌眼镜了。我想，他们还是第一次看到白人，而且还是白人律师，专程过来看望一名黑人囚犯，还当众拥抱他。他们彻底惊呆了，真的表现得像礼宾队的人。他们用崇敬的目光看着我，紧紧握着我的手。有很多迹象表明，曼德拉受到了特别待遇，而且我也因此受惠了。作为访客，如果你是来探望曼德拉的，你就会受邀去岛上的军官俱乐部吃午饭，那里已经准备好了美味的海鲜鸡尾酒和烤龙虾。如果你探望的是别人，那么不好意思，你得自己解决午饭了。唯一可以让你吃饭的地方是监狱看守的食堂，那里最好的伙食是肝脏汉堡包。”

其中一名白人监狱看护克里斯托·布兰德认识曼德拉，他告诉我曼德拉的监狱劳改在 1977 年就停止了，他向我转述了曼德拉本人对 1977 年之后牢狱生涯的评价：

> 他在监狱的日子太短了。他花了大把的时间学习、打理花园，他总是有很多事干，所以对他来说，待在监狱的时间

还是太短了……每天早上，我们打开牢门，他就会出来打扫厕所和庭院。接着去花园，打理蔬菜瓜果。然后，他就会坐下来专心学习。中午12点，我们把他叫回牢房，他匆匆吃一口午饭，留出一点食物到晚上再吃，然后又开始学习了。过一会儿，我们又把他放出去外面劳动，大约在花园工作一个小时，就这样，他每天都过得很充实，日子过得很快……他有自己的作息时间表。早上5点起床……锻炼身体，做俯卧撑、仰卧起坐，这些都在牢房里完成，等我们开门后，他就去外面慢跑……有时候，他会打打网球，还有乒乓球。他经常运动，还组织其他人一起打比赛。他们必须运动、锻炼身体。因为他们要保持健康的身体，虽然每天采石场的工作已经让他们筋疲力尽了。

他在监狱的另一项重要“工作”，就是给家人和朋友写信，关心他们的教育问题。他很看重自己作为父亲的角色，经常责骂孩子志向不够远大、学习不够用功。法蒂玛·米尔在授权传记《希望之上》（*Higher than Hope*）中记录了相关细节。其中表明，曼德拉对自己的孩子赏罚分明，该批评时批评，该表扬时表扬，不过他总会向他们提供建议。

同时，他也在信中坦承了自己的负罪感，因为他无法陪伴在孩子们身边。有时，曼德拉会在信里写他做的美梦和醒来后的失落感。他的孩子或许会心生几分怨念，因为这份父爱过于遥远，而且他们怕自己会辜负父亲的期望。所以，他们之间的关系也时不时会非常紧张。

曼德拉影响的不仅仅是他的家人。监狱看守克里斯托·布兰德也说，曼德拉改变了他。演员杰米·巴特利特在电影中饰演另一名与曼德拉成为朋友的监狱看守詹姆斯·格雷戈里，他从格雷戈里的经历中也有同样的发现。格雷戈里曾把他在罗本岛监狱看守曼德拉时两人间发生的故事记录下来，写了一本书《再见，巴法纳：纳尔逊·曼德拉，我的囚犯，我的朋友》（*Goodbye,Bafana:Nelson Mandela,My Prisoner,My Friend*）。

“他们的关系有许多微妙的地方，”巴特利特在谈到曼德拉与看守格雷戈里的关系时说道，“他慢慢爱上了曼德拉，非常非常深。他开始尊敬他，理解他的政治理想。曼德拉改变了格雷戈里。他像催化剂一样，极大地改变了格雷戈里的思想。但毕竟格雷戈里是为南非种族隔离当局工作的，所以他的认识有很大的局限性。他的转变再大，也要受到所处地位的限制，他不可能彻底改变。不过，他确实去图书馆做了调研，开始了解曼德拉的所作所为和他的政治抱负。”

我问：“与格雷戈里之间的关系，是不是可以看作曼德拉与很多人之间关系的一个缩影，很多人可能一开始都怕他，了解之后被他打动了，开始尊敬他？”

“绝对是。几乎所有的关系中都可以看到这种转变。它很好地证明了曼德拉与他人相处的典型模式，他最擅长用魅力征服不同种族的人。”

赛尔达·拉·格兰吉是一名来自比勒陀利亚的年轻的南非白人女性，最初在总统办公室担任打字员。后来，曼德拉任命她做秘书，之后又成为总统的私人助理。她告诉我，多年的监禁岁月极大地影响了曼德拉担任总统后的工作习惯，甚至包括饮食习惯：“他精力充沛，这主要归功于多年来在监狱养成的健康生活方式。拳击手们都很了解拳击训练的艰辛和严格，监禁期间，他也坚持每天锻炼。成为总统后，他经常要出国访问，不管去哪里，不管他是不是在睡觉，到点后，他总要起来锻炼身体。无论我们在哪个国家，他都要留出一点时间锻炼。我想，我们这些年轻人可能现在还无法意识到，这种坚持对未来生活的意义，但从曼德拉身上，我们就能深切地体会到。他的饮食习惯极其健康。”

“他都吃些什么？”我忍不住问道。

“他的早餐很丰盛，融合了谷物、烹饪的食物和水果。他每天都要吃蔬菜，补充蛋白质。两餐之间，他从不吃零食。他的饭菜里都不放味精，也从不吃快餐。我从来没见过他吃快餐。”

“巨无霸汉堡呢？”

“从没吃过！”

“蛋挞？”

“没有！绝对没有！我自己也从来不吃麦当劳，更别说他了。他可能从来都没吃过这种垃圾食品。”

曼德拉传记的主笔之一理查德·斯坦格尔写道：

> 我多次问他，铁窗生涯给他带来了什么改变？1990 年获释时的曼德拉与 1962 年刚入狱时的曼德拉有何不同？这个问题显然令他有些恼怒。他要么避而不答，要么说些场面话，要么干脆推翻这个问题。终于有一天，他没好气地对我说：“我出来时变得成熟了。”

在我看来，这句话真切地展现了如今的曼德拉，以及他在这些年中的收获。那个敏感、情绪丰富的年轻人并没有消失！他依然在我们今天所看到的曼德拉的体内。他所说的成熟，是指他学会了控制年少气盛时的冲动，并非指他不再锋芒毕露、不会受伤或生气了。成熟并不表示你总能知道该做什么、该怎么做，而是表示你能很好地管理那些阻碍你正确认知世界的焦虑和情绪。你能透过层层迷雾认清本质。

“同时，他也意识到，并不是每个人都能成为纳尔逊·曼德拉的。监狱令他变得更加强大，但它却摧毁了无数其他人。理解这一点后，他变得更加善解人意。”

狱中，曼德拉经常阅读、写作、思考未来。他深信在他有生之年能看到自由的曙光。于是，他悉心琢磨对手的招数，而且还以身作则领导同志。

有时，他动作非常缓慢，甚至慢得把他最亲近的人都快逼疯了。西南非人民组织（SWAPO）的创始人赫尔曼·阿尼姆巴·托伊沃曾与他对弈。

“我受不了了，”1995 年，托伊沃对我说，“有时，他一天只走一步棋。我没那个耐性跟他耗下去，所以他总是赢。”

大名鼎鼎的探访者

总有各色各样的杰出人物去监狱探望曼德拉。如 20 世纪 80 年代中期，英联邦南部非洲问题“知名人士小组”的成员常去看他。渣打银行的巴贝尔勋爵是玛格丽特·撒切尔夫人亲自提名进入该小组的，他说服了博塔总统允许他去监狱探望曼德拉及其同志们。

传记作家安东尼·桑普森指出，南非政府逐渐意识到，把曼德拉关在监狱比释放他更危险。

桑普森说道：“曼德拉的泰然自若、良好的判断力和幽默感令‘知名人士小组’的成员感到惊讶。最重要的是，巴布尔勋爵还与曼德拉分享了他逃离苏联战俘营的那段经历，他把那次经历写了下来。‘巴布尔勋爵，’曼德拉说道，‘把你的作品送我一份吧。它应该对我很有帮助。’”

曼德拉把所有前来探望的访客和探访时间做了详细记录。他会在日历上一一注明。他还会特别注明一些重要事项，如 1989 年 11 月 28 日，“玛丽·本森的生日”，玛丽是他的朋友，是一名作家兼社会活动家；1989 年 12 月 13 日，“与总统德克勒克会面，交谈 2 小时 55 分钟”。他用词精准，绝不会出现“大约 3 小时”这样含糊其辞的话。那年最后一天，他测量了自己的体重、血压和裤子的尺寸（87R、

34R)。他还记下了裤子的型号，8127。

南非知名反种族隔离活跃分子、黑人自觉运动创始人之一的拉姆菲里是一名医生兼经济学家，她也曾是史蒂夫·比科的女朋友。她向我讲述了她第一次去波尔斯穆尔监狱探望曼德拉时的情形。她对当时的场景记忆犹新："这次会面让我很激动，因为我久仰他的大名，现在居然能亲眼见到他本人。我在房间里等他，没过多久，他就出来了，穿着一身熨得很平整的卡其装，这套衣服其实是监狱服，可它很体面，看起来就像外面随处可见的休闲服一样。他很高大、自信，他与监狱看守之间的关系很亲密。这就是我们的第一次见面，那是 1988 年 7 月一个星期天的早上。" 她还告诉我，曼德拉当时请她组织顶尖学者和专家共同组成一个独立的顾问团队，帮助制定南非向民主政体过渡的计划，但这个提议被非国大制止了。

电影《曼德拉：漫漫自由路》中描写了一段他的女儿玛卡兹维去狱中探望他的场景。她给他看了他们的运动徽章，上面写着："释放曼德拉。"曼德拉的第一反应是咨询其他政治犯的意见。女儿直截了当地回答："爸爸，徽章上写不下别的标语了！"

曼德拉在曼德拉—坦博律师事务所。

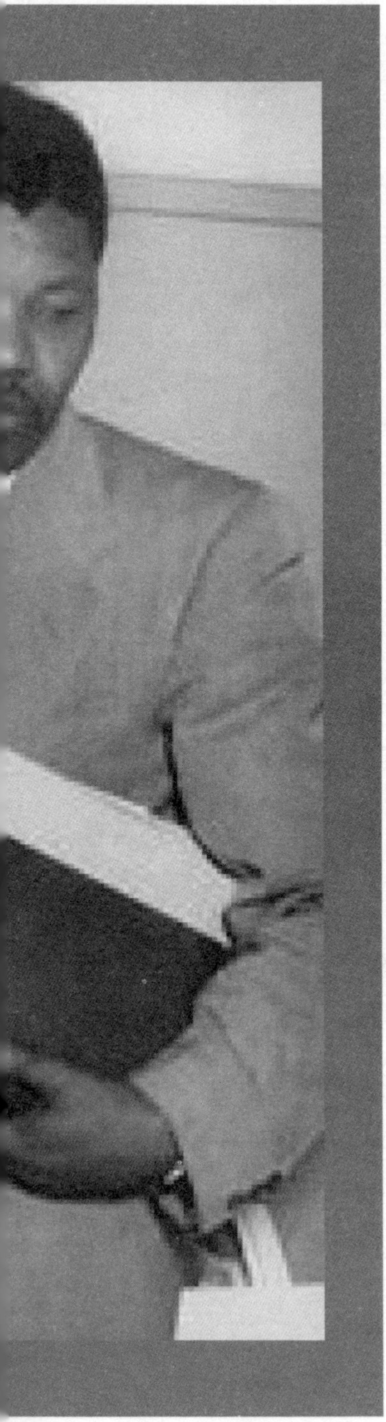

Kafkaesque

The treason and Rivonia Trials. Prison regulations and his responses to them. How the law was used to legalize inhumanity.

卡夫卡式荒诞体制

种族隔离法荒诞不经，同一个家庭的成员也因头发卷曲程度和鼻子大小而被划分不同种族；日本人可以享受“荣誉白人”身份，而中国人则被当作黑人。当这种荒诞肆意蔓延时，曼德拉毅然决定以法律对抗法律……

反对种族隔离的全面斗争不是由于可怜我们的人民而从事的慈善行为，而是为了证明我们共同的人性。

（摘自 1994 年曼德拉的总统就职演讲）

肤色“原罪”

弗朗茨·卡夫卡的小说风格鲜明，矛头直指践踏法律、剥夺人权的官僚主义，他笔下的主人公大多是这种病态制度的牺牲品。虽然卡夫卡从未描写过实行种族隔离制的南非，但是他的世界观却预见了专制国家最糟糕的特征，它们往往以其拜占庭式的法律侵犯人权。

当时纳尔逊·曼德拉和奥利弗·坦博等年轻律师所面对的，正是这样的法律。种族隔离制度利用法律的威力为自己保驾护航，使种族隔离合法化。多数情况下，法律体系的建立者就是律师，他们认为应该通过立法将种族主义制度化，当然，立法很容易获得通过，因为在南非只有白人才有投票权。1948 年选举产生的白人国民政府开始利用手中垄断的权力将他们的种族偏见和社会理论合法化。

此外，这些法律还有一个同等重要但往往被国外媒体忽略的理论基础：它们不仅具有强烈的种族主义色彩和惩罚性，而且还是劳动关系制度的组成部分。它们明确规定黑人只能做处于社会底层的劳工，还对黑人的生活方式、居住区域作出了严格的限制，不光压迫他们，还利用他们，剥削他们的劳动成果。

南非的种族划分法尤其荒诞不经。来自同一个家庭的人竟然也会被划分为不同种族。不光要测量鼻子，还要用“铅笔测试”来判定一个人头发的卷曲程度（如果铅笔掉了，就被纳入白人行列，如果铅笔没掉，那他就是有色人种。——译者注）。日本人可以享受“荣誉白人”的待遇，而中国人却被当作黑人。

在这套法律体系中，包含如下法案：

《禁止跨族婚姻法》第55条（1949年颁布）：禁止白人和其他人种通婚。从1946年到本法令颁布年间，登记结婚的白人夫妇有2.8万对，而不同种族登记结婚的只有75对。

《背德修订法》第21条（1950年颁布；1957年修订为《背德法》第23条，后来命名为《性侵犯法》）：禁止白人和非白人之间通奸、意图通奸以及其他相关不道德行为（如婚外性行为）。这是对1927年颁布的法律作出的调整，当时的法律只是禁止白人与黑人之间的上述行为。

《人口登记法》第30条（1950年颁布）：编制人口登记册，将所有人的种族分类登记在案。如有争议，则由种族分类委员会最终裁定。

族群住区法《族群区域法》第41条（1950年颁布）：按种族划分居民区，强迫不同种族分区居住。对于“住错区域”的人实行强制迁移，如住在开普敦第六区的有色人种（既非白人，亦非黑人）必须搬到指定区域。

《压制共产主义法》第44条（1950年颁布）：取缔南非的共产主义和共产党。共产主义的定义非常宽泛，任何激进变革的主张都被视为共产主义。禁止共产党参与任何政治组织，限制他们只能待在特定区域。

《本地建筑工人法》第27条（1951年颁布）：允许黑人接受建筑业技术工种培训，在此之前，这种培训只有白人才有资格参加，不过他们只能在指定的黑人区内做技术工。在市区，黑人从事任何技术工作都是犯罪，他们只能从事指定领域的工作。

《选民代表分离法》第46条（1951年颁布）：此法令与1956年

的修订案联合剥夺了有色人种的选民投票权。斯坦福大学一个研究“利用技术推进南非种族隔离制发展”的项目对种族法解释如下：

> 种族法涉及社会生活的方方面面，其中包括禁止白人和非白人通婚，明确规定只有白人才能从事的工种。1950年，人口登记法把南非人划分为三个等级：白人、黑人（非洲人）和有色人种（混合血统）。其中有色人种包括大部分印度人和亚洲人。种族分类的依据是外貌、社会接受程度和血统。
>
> 譬如，“从长相看明显是白人或者普遍被认为是白人的”，就被划分为白人。如果父母都不是白人，孩子也不会被划分为白人。确定一个人是否“明显”为白人，所考虑的因素包括“习惯、受教育程度、言谈举止和仪态”。来自（或被认为来自）非洲部落或种族的人被划分为黑人。既不是黑人也不是白人的，就被划分为有色人种。
>
> “民政事务署（政府部门）负责公民身份划分，公民不服从种族法就会遭到严惩。所有黑人进入非黑人区都必须持有“通行证”，证书上包含指纹、照片和个人信息。

这些法律激怒了绝大多数南非人，从而引发了“大反抗运动”，这场运动中，非洲人、印度人以及其他被剥夺了权利的人团聚在一起，发起了一系列非暴力反抗活动，包括怠工和罢工。纳尔逊·曼德拉在这场运动中成为志愿者领袖。

他的传记作者安东尼·桑普森指出，曼德拉的政治纲领就在那个时期形成：

> 当时，人权侵犯极其严重，这种侵犯迫使他成为一名政治家。城市生活让他感到一个庞大的（人类）社会正在莫名

曼德拉在曼德拉—坦博律师事务所。

地蒙受苦难，而他自己正是这个社会的一部分。因此，日渐强烈的个人耻辱和作为社会一分子的责任意识让他走上了政治斗争的道路。

从 1948 年种族隔离制第一年开始实施直到 1952 年“大反抗运动”开始，以及在之后很长的一段时间里，人们并没有把问题看得很严重，认为种族隔离制根本行不通，迟早会垮掉。这不过是传统种族隔离的一种延伸，违背了世界的发展趋势。

以法律对抗法律

那几年，法律使整个南非社会变得更加压抑，而曼德拉和他的朋友奥利弗·坦博竟然合伙开办一家律师事务所，打算利用法律反抗法律。曼德拉后来在《勇者曼德拉自传》中写道："我们不但是南非仅有的非洲律师，还开办了南非唯一一家非洲人律师事务所……每天早晨，我们的走廊上和狭窄的等候室里都塞满了人。非洲人迫切需要法律援助。"

种族隔离法虽然对国家不利，但是却让曼德拉和坦博的律师事务所生意兴隆。他们的事务所名声大噪，而且地理位置十分优越，设在约翰内斯堡市中心弗克斯街法官大厦里，就在治安法院的对过，因此，在为自由奋斗的领域里，他们发挥了越来越重要的作用。

奥利弗·坦博的儿子达利说："曼德拉主要负责招揽顾客，大部分工作都是奥利弗在做。"

卡莱马·莫特兰蒂对此解释道："曼德拉告诉我：'作为律师，奥利弗比我强多了，但是在公司业务方面，他就一筹莫展了。'我问他：'为什么？'他是这么回答我的：'因为奥利弗从来不会打断客户的话。'

"客户上门后，奥利弗只会问问题、做笔记，而曼德拉知道非洲人从来都不会直抒来意，他们常常会先说一大堆废话作为开场白。他们走进事务所后，多半会这样开始：'那是复活节的周末过后，当时我叔叔也在，家里面所有人都在。'然后他们会把每个人的名字什么的，全都巨细无遗地告诉律师。此时，曼德拉就会打断对方的话，说道：'非常感谢。下次我们再挤出时间听您详细介绍。现在请您先告诉我，您需要我为您提供什么帮助？'这时，也只有到这时，客户才会说：'我们决定买块地，希望您帮我们处理产权转让的事儿，确保我们拿到地契。'所以，奥利弗接待 12 个客户的时间，曼德拉可以接待 30 个。"

曼德拉的私人律师乔治·比佐斯曾经和曼德拉一道上法学院，后来成为南非最著名的辩护律师之一。他认为，曼德拉和坦博创办律师事务所的行为和他们为客户提供服务的方式表现出了无畏和甘于奉献的精神。他说："虽然他们后来变成为摧毁种族隔离制而战的大政治家，但是，他们最初是代表饱受法律体制摧残的群体，号召为了正义而奋斗。他们意识到，这已经不是个人问题，而是政治问题，因此应该把人们团结起来对抗当权者。"

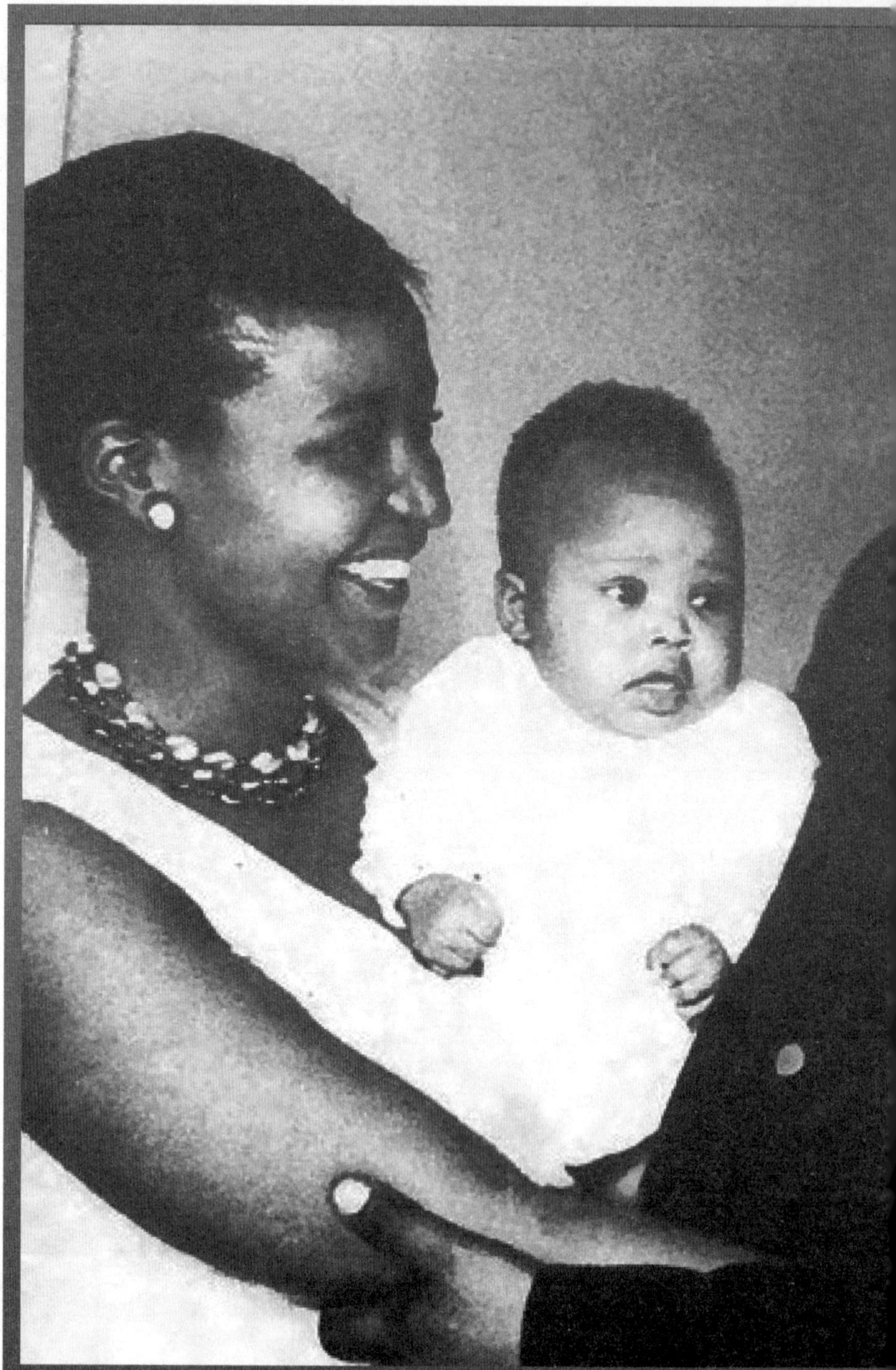

曼德拉和温妮抱着他们刚出生的二女儿辛德兹。

Love and Loss

His search for love, his flirtatiousness, marriages, love of Winnie, love of children, of family.
The measure of the price he paid with his years in prison away from them all.

凡夫俗子之爱

曼德拉毫不掩饰自己凡夫俗子的一面。他风流多情，一生结过三次婚，还与其他一些女人有过绯闻。但这些都没有影响女人们对他的敬仰，究竟他魅力何在？在通往自由的斗争中，他与温妮童话般的爱情遗憾落幕，家庭破碎。他不禁质疑，这一切是否值得？

世界真的是圆的，我们源于所爱的人，又归于所爱的人。

（摘自曼德拉 1979 年 7 月 1 日给温妮的信）

天生多情

据说，曼德拉很喜欢女性，女性也都很喜欢曼德拉。曼德拉高大英俊、衣着考究、风流倜傥。他就像一盏明灯，走到哪里，哪里就满室生辉。而且，他彬彬有礼，从来不以居高临下的语气跟女性说话。他一生结过三次婚，而且传闻曾经向很多女人求过婚。

但是，他跟女性之间并不全都是浪漫的爱情关系。其中有一位跟他并肩奋斗的女性，名叫鲁斯·福斯特，她是一名记者，也是个积极分子，后来嫁给了乔·斯洛沃。她在莫桑比克时，死于南非秘密警察寄来的邮件炸弹，那个炸弹当时还炸伤了非国大的领袖帕洛·乔丹。曼德拉曾经在《听他自己说》(*In His Own Words*)一书中动情地写道：

> 我们在金山大学就读时，她就已经是一个备受争议的人物。她义无反顾地弃绝富贵出身带来的特权，主动跨越种族障碍——没几个白人能够做到这点。她以一个女人的激情和悲悯激励其他人投入奋斗，其中包括来自自由派和守旧派的人们。
>
> 让我们聊以自慰的是，她的精神永垂不朽，她追求自由

的灵魂引导着人们致力于建设开放的社会，树立严谨的思想，鼓足勇气，在遵循原则的前提下开展行动。

阿米娜·卡查利亚在21岁生日那天认识了曼德拉。她临死前告诉女儿，曼德拉曾经对她说他想娶她。她记得，他有着“高大的身躯和硕大的手掌”，而且十分谦逊。阿米娜长得很漂亮，曼德拉令人敬畏的气质打动了她。

人们普遍认为纳尔逊·曼德拉风流多情，而且他也承认自己曾经是个大男子主义者，不过，同时他也希望做一个顾家的好男人、好父亲、好丈夫。在最后那本书《和自己对话》（*Conversations with Myself*）中，他坦承了自己的不足之处。伦敦《独立报》曾经在一篇评论中指出：“他坐牢之前曾经很风流。他可能没有好好照料自己的孩子，可能还对自己的妻子动过手，也可能没有（他否认了传言，还说对方用剑叶兰打他）……”

曼德拉基金会授权出版的传记《年轻的曼德拉》（*Young Mandela*）一书中，作者戴维·詹姆斯·史密斯写道：

> 他个头儿很高，身材瘦削——这得益于他在大学跑步和拳击锻炼的习惯。他天生就具有领袖气质，魅力非凡，所以女性常常会被他迷倒。他26岁娶了伊夫琳，到了晚年，伊夫琳几乎完全淡出他的生活。他们共同孕育了两个儿子和两个女儿，在索维托区的东奥兰多建立了第一个家庭。
>
> 曼德拉和很多漂亮女人保持着亲密关系，这让伊夫琳十分不满。律师事务所的女秘书鲁斯·莫帕蒂就是其中之一。有时候，曼德拉下班后还会把鲁斯·莫帕蒂带回家，鲁斯·莫帕蒂会跟他进卧室去，多半不是在加班做笔录。此外还有来自非国大的女性朋友，他只要有时间就会跟她们待在一起。

《观察家报》评论员贾斯汀·卡特莱特在评论《年轻的曼德拉》时说得更深入："戴维·詹姆斯·史密斯发现，从很多方面来说，曼德拉都是个传统的非洲人，他把自己看作一家之主，希望大家都顺从他。这没什么好大惊小怪的。

此外，戴维·詹姆斯·史密斯证实曼德拉可能打过第一任妻子伊夫琳。尽管伊夫琳对曼德拉早期的传记作者法蒂玛·米尔说，曼德拉是她这辈子唯一爱过的男人，他是个出色的父亲，但是最终她还是回到特兰斯凯，痛苦地保持沉默。"

秘密情人

尽管卡特莱特对曼德拉评头论足，但他仍旧客观地总结道："曼德拉的伟大不会因为他的风流多情而受到影响，因为他的伟大在于他为南非人民的福祉不懈奋斗的坚定决心，在统治者的淫威之下，他依然义无反顾地为了在南非建立一个美好、高尚的社会而奋斗，这才是他的伟大之处。"

史密斯推荐的秘书鲁斯·莫帕蒂在《曼德拉：授权肖像》(*Mandela: the Authorized Portrait*)中也着重讲述曼德拉的勇气，但她对于自己跟老板之间的亲密关系避而不谈。"我对他非常尊敬，因为他对大家也很尊重，包括我们三个秘书、几个见习律师和邮差。他跟邮差还是朋友呢，因为他们是一个拳击队的。你现在知道他是什么样的人了吧？他尊重别人……善于倾听，从来不会居高临下地对女性说话，他让她们觉得自己受到重视。"

有些关于曼德拉的花边新闻听上去十分荒唐："伦敦《邮报》有篇头条新闻写道：'纳尔逊·曼德拉的秘密情人是……滚石乐队吉他手罗尼·伍德的岳母，即乔·伍德的母亲雷切尔·伦德尔。在她16岁的时候，曼德拉曾经向她示爱。'"

2013 年 3 月，西蒙 · 特朗普报道称：

> 现年 78 岁的雷切尔住在德文郡。1951 年，雷切尔刚刚从女修道院毕业。经过慎重考虑，她决定当修女，后来在姑姑的水果店和咖啡馆工作……“一天（纳尔逊 · 曼德拉）走了进来，我像往常那样接待了他，结果他离开之后，我发现柜台上有一封写给我的信。我打开一看，信写得非常长。开头是情意绵绵的情话，可是没写几句，就突然变成了政治信函，说他将如何解放我们国家的黑人。事实上，这封情书并不怎么浪漫。这时，格蒂走了进来，她见我正在看信，就问我是谁写的，我如实告诉了她，结果她伸手就把信夺走烧掉了，她不允许我跟黑人约会……”从那以后，雷切尔再也没见过曼德拉。

爱情童话落幕

曼德拉最爱、最迷恋的女人，当属他的第二任妻子温妮 · 马迪克泽拉。她原名叫诺姆扎莫 · 温弗莱达 · 赞伊维 · 马迪克泽拉，是一位校长的女儿，在蓬多兰做社工。她比曼德拉小 16 岁，当时才 22 岁。她美丽的容貌、非凡的魅力、敏锐的鉴别力和昂扬的斗志一下子就俘获了曼德拉的心。他的传记作者安东尼 · 桑普森写道：“温妮小时候桀骜不驯，有时还会出现暴力倾向。”

温妮的父亲反对这桩婚事，他说，曼德拉早就和他的奋斗事业结了婚。很快，温妮也加入奋斗的行列。他们的爱情故事就像一个童话。曼德拉和温妮以他们“美国式”的魅力成了大运动的王室象征。

桑普森写道：“温妮很快就展现出独有的魅力，以革命女战士的形象出现在大家的视线里。”他们之间的关系就是电影的故事原型。

曾经在《天幕危机》(*Skyfall*) 和《一年级生》(*The First Grader*) 中担任主角的英国演员娜奥米·哈里斯将在该影片中饰演温妮。娜奥米做了非常深入的研究，她看到了那个被妖魔化的女人许多不为人知的方面。同时，她也意识到，这次进入角色对她来说非常困难，她认为这当中有她个人的问题："我觉得，难就难在我心中没有仇恨和痛苦。生活当中确实有些东西让我愤愤不平，但是，对我来说，温妮的恨是绵延不绝的仇恨和怨恨，而我心中没有恨，也没有痛苦。在生活中，我对怨恨和痛苦这些情感避之不及，可是现在却要努力让自己产生这样的情感，这确实挺难的。当时我发现，刚开始努力去感受这些情感时，我心里会挣扎抗拒。"

编剧威廉·尼科尔森说道："这是一部电影，因此是关于人的故事，实际上就是一个男人和一个女人的故事，而这两个人的故事却精彩地讲述了一段真实的历史。此外，曼德拉和温妮的故事还真真切切地告诉你那个时期的南非到底发生了什么，涵盖他们面临的所有精神压力、心理压力和政治压力。我当时认为，要讲述那个（庞大的）历史故事，最好的办法就是从这两个人讲起。"

曼德拉和温妮结婚之前，曾经求助于他的朋友法蒂玛·米尔及其丈夫伊斯梅尔保护温妮。法蒂玛回忆道："我们第一次见到温妮的时候，根本就没想到她是曼德拉的恋人……当时我们接到他打来的电话，让我们去车站接马迪克泽拉小姐。我们听到后没有多想，以为肯定是他的亲戚或者需要我们帮助的什么人。在车站，我们见到了那位年轻漂亮、活泼开朗的姑娘，于是就把她带回了家。

"不过，老实说，当时我对温妮的印象并不怎么深刻，也没有把她当成自己人。说我势利眼也好，随便你怎么说吧。当时我侄女也跟我们住在一起，我就把她交给了我侄女。温妮在我家待了一两个星期（我不记得具体是几天了）。有一天，我发现她从包里拿出几张照片翻看，竟然都是曼德拉的照片，各种姿势的都有，拳击那张最抢眼。

这时我才意识到，她和曼德拉之间肯定有暧昧不清的关系。”

米尔讲述了温妮和曼德拉相识相许的故事。一天夜里，他们两人在一家嘈杂的夜店，一群暴徒突然闯了进来，两人都躲到桌子底下，曼德拉伸出手臂护着她，然后护送她出去。她觉得这就是他爱她、关心她的表现。

他们刚结婚，政治事业就将曼德拉从温妮身边带走了，他先是忙着组织地下活动，后来又被抓进监狱。温妮常去监狱看他。他们有两个女儿，在温妮投入政治活动后，就更没有人照料她们了。温妮常常遭到政府的骚扰，他们把她关进监狱，严刑拷打，还将她流放荒原。她一度被单独监禁，孩子们常常被孤零零地扔在家里。

在曼德拉坐牢期间，温妮成了非国大的喉舌，她高举曼德拉的旗帜，鼓舞着南非和全世界的女性。她靠自己的能力成了闻名遐迩的领袖，她激励着青年激进主义运动，其中包括索维托起义。她说，在索维托起义中牺牲的赫克托·彼特森当时就住在她家。后来，她以“国母”的身份擅权独断，自设组织，这引发了种种争议、不满和丑闻。

电影没有美化温妮的人生经历，尼科尔森说：“这个故事是个爱情故事，也是个非常复杂的故事，它从根本上说是个悲剧。斗争耗去了他全副心力，也由此毁掉了他的生活，摧毁了他对温妮的爱。”

在监狱里，曼德拉给温妮写了很多情书，他最思念的人是她，最想见的人也是她。然而，背叛他、抛弃他、让他痛苦不堪的人，也是她。随着他年事渐高，她在孤独寂寞中红杏出墙，导致他们的婚姻破裂。

尼科尔森说：“当时温妮尽管没有被关进监狱——她只是时不时被抓进监狱，但是承受痛苦、遭受折磨的人却是她。温妮的身心都遭到了严重的折磨：他们不仅不让她睡觉，长时间讯问，还突然把她带走，让她的孩子无助地陷入惊恐之中，不知道母亲的去向。这些摧残和折磨把她变成一个满腔愤恨的人。“换了谁不会这样？我是说，如果让我承受这些痛苦折磨，我也会满腔愤恨。这让她觉得，未来唯一的出路就只有全面战争。恰恰就在她做出上述结论的时候，曼德拉在狱中做出了完全相反的结论……没人可想象出比这更强烈、更戏剧化的冲突了。”

自由的代价

大主教德斯蒙德·图图告诉我，他和妻子曾经和曼德拉夫妇共

曼德拉和温妮抱着他们刚出生的二女儿辛德兹。

进晚餐。在人们眼中，这对夫妇简直就是神仙眷侣。

“他出狱不久，我和大主教的妻子利娅就邀请他和温妮来我家吃科萨餐……他们来了，可不是嘛，我是说，一眼就能看出来他被她迷得神魂颠倒。你见过小狗是怎么狂热地爱主人的吧？他就跟只小狗差不多。她一起身，他马上就看向她，目光一直追随着她。他真是非常非常地爱她，爱得非常非常深。

“后来，他们感情破裂，他异常痛苦。这种痛苦不是嘴上说说而已，只有承受者本人才能真切地感受到。长年以来，他只能隔着玻璃隔板跟孩子们说话，不能抚摸他们，拥抱他们，这种极度的痛苦不是我们这些外人所能想象得到的……由此可见他付出的代价。

“他决定离开索维托，搬到城里去住，我们俩谈了很多……他告诉我很多事，包括不轻易告诉外人的家庭问题以及他决定离开的原因。我意识到，他的苦难并没有随着他离开罗本岛而结束，而是仍在持续不断地折磨他。后来他竟然遇上了格拉萨·马谢尔，这真是太棒了。”

曼德拉的第三任妻子格拉萨·马谢尔是莫桑比克总统萨莫拉·马谢尔的遗孀。萨莫拉·马谢尔曾经是莫桑比克的斗士，被选为总统，后来死于一起可疑的空难。格拉萨是莫桑比克的教育部长，她充满爱心，口才出众，温文尔雅，维护儿童权益，广受世界人民尊敬。她跟曼德拉一样，都失去了自己亲密的爱人和志同道合的战友。

曼德拉在80岁生日宴会上宣布，就在前一天，他和马谢尔结婚了。众所周知，他一直都克制着自己的所有情感，当他当众亲吻马谢尔的时候，在场的人欢呼雷动。但是，即便他再次结束了单身生活，可他还是喜欢对女人大献殷勤。影评家盖尔·贝尔曼评论道：“女人喜欢他，他也喜欢女人。他出狱后在接受采访时，总会先挑女记者发问。”负责挑选电影演员的导演莫恩伊恩·李告诉我们：“我只见过曼德拉三次。我都这把年纪了，他每次见到我还会跟我调情。他天生就是这样的人，而且很有魅力。”

非国大的女官员谢里尔·卡罗鲁斯原本是来自基层的积极分子，现在已经是一位杰出的女商人，她对曼德拉的四处留情一笑置之，告诉我说：“马迪巴（纳尔逊·曼德拉）出了名的喜欢跟女人聊天，简直就是个多情种！可是他风度翩翩，对女人彬彬有礼……深富魅力。我从来不理会那些大男子主义者和那些试图挑逗我的男人，可是他不一样，因为他实在太有魅力了。”

南非历史学家、约翰内斯堡曼德拉纪念中心档案研究室主任维恩·哈里斯说，曼德拉也意识到自己的行为不妥，甚至对此十分自责。哈里斯说：“他不是圣人。我觉得，对我来说，他身上最可爱的地方在于他坚持学习的毅力，在于他坚持自我解放的精神，这种坚持甚至到晚年都不曾松懈。说到他跟女性的关系和对待她们的态度，应该说，这是他生活的那个时代和环境造成的。他自己也承认，当初去罗本岛的时候，他是个大男子主义者，经过长达数年的读书、学习和努力，他才渐渐消除偏见，达到现在这个状态。”

哈里斯、曼德拉是否承认那些会影响他形象的缺点。凡尔纳·哈里斯想了一下，说道：“曼德拉是这么跟我说的：‘我是个普通人。’他接下来说的话在我看来对创立纪念中心至关重要。他告诉我们：‘你们不用维护我。’换句话说，我们不必扮演他的形象捍卫者。他授权我们进入那些敏感领域，让我们看到他曾经犯过的错误和他作为一个凡人的缺点。”

虽然曼德拉喜欢和女人交往，但他仍不失为一个道德高尚的人。他反对通过曝光敌人的性丑闻去打击敌人。艾哈迈德·卡特拉达在《回忆录》（*Memoirs*）中提到了一件事，这件事让人感受到曼德拉的情感有非常守旧的一面。《科克斯书评》如此写道：

> 那次的情景深具纪念意义，卡特拉达说，一个喝醉酒的政敌跟一个妓女鬼混，他们去拍了照片，收集了证据，可是

等他把那些照片和证据拿给曼德拉看的时候，曼德拉不但不鼓励他们公开，还教导卡特拉达，不能仅仅因为不赞同一个人的政治主张就毁掉他的前途和事业，这是不道德的。

经过长时间的反思，卡特拉达毁掉了那些可以作为罪证的照片，放过了那个本应无地自容的人，与此同时，展示出君子不欺暗室的罕见修养。

曼德拉有什么遗憾吗？曾经协助他出版《勇者曼德拉自传》的记者理查德·斯坦格尔说，曼德拉心中充满了遗憾，特别是对自己的家庭和婚姻。斯坦格尔告诉美国公共电视的记者，他一直纠结于这样一个问题：“他甚至怀疑，这一切是否值得。”

1990 年 2 月 11 日，重获自由的曼德拉在开普敦发表第一次演讲，为他举着话筒的是工党领袖西里尔•拉马弗萨，站在他身后的是温妮，他的右手边是非国大的领袖沃尔特•西苏鲁。

Militant

From his days in the ANC Youth League to launching Umkhonto we Sizwe, the military wing of the ANC.

激进的斗士

从反抗运动领袖到出狱时挥舞拳头的招牌形象，曼德拉已被塑造成激进的斗士。随着和平谈判和就职总统的需求，他那激进好战的形象随之被扭转成和平的象征。此“M 计划”的策划者正是曼德拉本人！

我似乎更加坚定地得出这个结论：我这一生的斗争之所以具有意义，隐隐约约是因为我的斗争是为了实现一个至高无上的目标：确保每个人都有可能实现自己的梦想，无论其种族、肤色、性别或社会地位如何。

（2000 年 2 月曼德拉讲话）

策划“M 计划”

27 年 6 个月之后，纳尔逊·曼德拉终于走出监狱大门。一出门，他就把自己的公众形象塑造成一名激进的革命者：他和当时的妻子温妮手牵手走出维克多·维尔斯特监狱的大门，前来迎接他的人非常多，有蜂拥而至的记者，这些媒体大军争相记录他具有历史意义的出狱时刻；有身穿T恤衫、跳着土著舞蹈的支持者。温妮带头，握紧拳头，举向半空。曼德拉很快就跟着举起拳头。这个形象瞬时定格。尽管现在监狱已经改了名字，但它仍旧把全世界最著名的政治犯高举拳头的形象树立在监狱门前，作为监狱的招牌——这个精彩的形象就这样被全世界瞻仰。

后来，随着他成为谈判专家，而后成为总统，这种激进好战的形象就被扭转了，半岛电视台的独立安全分析师戴维·阿夫里卡写道：

> 1994 年第一次民主选举让曼德拉从囚犯一跃成为总统，身份的转变要求他扭转激进好战的形象。这个形象其实是一项政治规划的组成部分，这项政治规划有两个相关的目标，其一就是为南非解放斗争代表人物塑造一个稳健的形象，其二就是为了让这个“新曼德拉”适应一项稳健甚至保守的政治计划。其实，我们所认识的曼德拉一直都是一名斗士，

从20世纪40年代开始，他就是一名斗志激昂的青年领袖，1952年，他领导反抗种族隔离政府的“蔑视运动”，1961年该运动转变为暴力反抗后，他成为武装派的第一任指挥官。

而且，“M计划”（M指曼德拉）的策划者也是曼德拉，这一计划为被迫转入地下的运动准备了应变措施。“民族之矛”武装运动的指挥官、后来成为情报部部长的罗尼·卡斯利尔斯曾经和曼德拉并肩作战，组织地下运动，他回忆道：“他曾经是一个具有反抗精神的人。他领导大众开展激烈的斗争，领导我们进行武装斗争。在‘圣人曼德拉’的光环笼罩下，这些都被大家遗忘了。不过，如果你想全面地了解这个人，就要回顾他的过往，他和他的同伴、同龄人一起创立了非国大；他领导人民不懈斗争；当看到非暴力斗争行不通的时候，他在关键时刻集思广益，和年轻人、老百姓一起商量对策，他说：‘我们必须另辟蹊径，我们要拿起武器起义。’”

或者，像曼德拉自己回忆的那样：“我没有感受到什么心灵的顿悟，没有获得什么神的启示，也没有大彻大悟，我感受到的，只有无数次的欺凌和侮辱，这些数不清的侮辱让我心中充满了愤怒、叛逆和斗争的欲望，我要对抗那个置我的人民于水深火热之中的政权。”

曼德拉担任“民族之矛”领袖期间吸引了很多追随者。“民族之矛”前游击队员托克欧·塞克斯威尔告诉我，他被捕后曾希望被送到罗本岛，那样他就可以见到他的领袖曼德拉了。

踏进塔博·姆贝基的家门，曼德拉的巨幅照片映入我的眼帘。照片上的他还很年轻，留着胡须，跟他在非国大的同志们在一起。当时他们前来参加基于摩洛哥的阿尔及利亚革命。这个热爱和平的人把自己变成一位好战的领袖，他具有强烈的感染力，关于这点，还有很多事例可以证明。

对南非政治谈感情

我问自己，人们对他怎么定位又有什么关系？在需要武力解决问题的时候，他就是主张使用武力的斗士，在需要稳健的形象时，他就开始呼吁和解。传记作者安东尼·桑普森在接受美国一家公共电视台采访时，曾说起曼德拉在最好战时期的形象：

> 我第一次真正想去了解他是在“蔑视运动”当中，那是他第一次组织大型反抗运动，当时他是志愿者领袖。那是他第一次以一位真正的政治领袖的形象出现在众人眼前。显然，他十分令人敬畏，但是距我非常遥远。他不像西苏鲁那样平易近人。就像他现在所说的那样，当时的他戒备心特别强，特别是对那些没有参加政治组织的白人。而我就没有参加非国大，也没有参加共产党。而且，当时的他本来就是一副拒人于千里之外的样子，就连对鲁斯·福斯特都十分冷漠，而福斯特可是一位伟大而忠诚的党员。福斯特也觉得他当时十分自大，尽管他们后来关系很密切。

在访问斯坦福大学时，桑普森曾经告诉记者：“曼德拉的人生经历就像一个让人感伤的童话故事，他就是故事里的终极英雄，被邪恶的巫婆关在地牢里，后来被神奇地释放，最后人们发现他是一位王子。但是，对政治谈感情是很危险的，特别是在非洲。1996 年，曼德拉让我给他写传记，他特别强调，他想被当作一个普通人对待，不管功过对错，全部都要如实描述。”

另一位密切关注和深入研究曼德拉的学者汤姆·拉吉把他的成功归功于他从小受到的教育，包括他和藤布贵族一起生活的经历和他受到的亲英派教育，这些经历培养了他的领导能力。拉吉认为：“事实证明，曼德拉那种自觉的领导魅力、优雅的举止和天生的政治包容感是他得以成为一名领袖的关键要素。”

然而，他亲密的朋友关系常常会导致“平民主义、任人唯亲”的形式，历史学家安东尼·巴特勒将这一现象归因于缺乏责任心和对腐败的漠不关心。另一位传记作者马丁·梅雷迪思一再强调曼德拉出狱后南非的种种变化，他在《曼德拉传记》（*Mandela: A Biography*）中写道：“事实上，曼德拉在狱中成熟了起来，他意识到抗议的局限性。他的斗争意志没有被摧垮，现在，他有新的角色要扮演。”

他非常清楚地意识到，当权政府正在承受着极大的政治和经济压力，不会坚持太久。

永不妥协

到了 20 世纪 80 年代中期，非国大四管齐下的战略产生了效果，这项战略包括：鼓励在小城镇制造动荡、寻求国际社会对南非的经济制裁和外交孤立、在全世界范围内动员反种族隔离激进主义、开展武装斗争。很快，被流放的积极分子开始感觉到当政者末日到来的征兆。非国大领袖塔博·姆贝基在卢萨卡被奥利弗·坦博委以重任，负责探索与南非白人领导者、南非商界开展对话和协商的非正式途径。

非国大的领导核心已经从罗本岛转移了。罗本岛监狱不再是斗争的中心。塔博·姆贝基告诉我：“我们有些人一度认为，南非问题显然可以通过协商途径解决（作为曼德拉在监狱里面进行谈判的补充），不过，这意味着我们必须提前做好很多准备工作，其中一项就是消除南非白人对非国大的恐惧感，让他们不再效忠于种族隔离体系和种族隔离政府。这就要求我们在政治、商业领域，在教堂里、媒体上，在各个地方和他们加强交流——只有这样，他们才会改变对非国大的态度，疏远当局政府……我们必须在国际上采取相似的做法。”

他说，南非白人政府在严重的经济制裁和日益强烈的国际舆论谴责下开始意识到，对非国大不能再简单地妖魔化，避而不见。姆贝基说：“就南非国民党而言，我认为，他们当时已经非常确定，当务之急就是要跟非国大谈，不能再避而不见；其次，他们在谈判当中会说服我们采取他们认为我们应当采取的特定姿态，跟他们保持一致，他们说……”

我打断他的话，按照自己想象的接着说下去：“‘塔博，别着急，别着急。这事儿不可能一蹴而就。’是这种腔调吧？”

“不是，比这差多了，他们坚持要我们理解南非的构成。事实上，他们坚持单独发展的观念，跟种族隔离没什么两样。他们说，南非是由各种族构成的共同体，每个种族都有自己鲜明的文化特征，诸如此类。因此，新的政治体系必须考虑到这一事实。这就是他们试图让我们接受的基本观点，所以最后采取什么形式无关紧要，重要的是，谈到最后，他们所要建立的仍旧是换汤不换药的种族隔离体系，而且还是经过我们同意，得到我们支持的体系！”

这个时期爆发了很多暴动事件，包括各乡镇的起义和警方的强烈回应。群众运动和抗议活动如火如荼。显然，要通过和平途径实现少数服从多数的进程,就只能通过谈判。这是下一步行动。是时候了。

曼德拉的传记作者桑普森认为，曼德拉的变化非常大。他第一次碰到曼德拉的时候，“他（曼德拉）有点儿鲁莽自负”，沉迷于“马克思主义”中。在桑普森看来，曼德拉的确是个爱出风头的人，但是他会不断地成长和改变。

1964 年，曼德拉曾经让桑普森帮忙看他在利沃尼亚审判开案陈述的草稿。桑普森在斯坦福大学曾经这样告诉约翰·桑福德：“所以我有机会看到那篇演讲草稿，那份草稿充分显示出他成长变化的程度。他身上两个最鲜明的特性——尊严和镇定，当时就表现得很明显了。也就是说，这位非国大的‘激进’领袖在经过长时间压抑之后很快开始发生转变？”我问曼德拉纪念中心的萨姆·凡尔特。他却答道：“不是你想的那样。”

凡尔特认真地告诉我：“在研究了所有这些资料后，我认为，他从来都没有变过。事实上，是这个世界变了。他心中自有一套信念和一套标准。比如，他在1961年的非洲大会上就号召无种族歧视的民主，号召人们如果实现不了就罢工，可是没有人听他的。后来他被抓进监狱，出狱后他所号召的仍旧是无种族歧视的民主。他根本就不曾妥协过，不曾放弃自己的原则。如果说他变了，也只是变老了而已。”

1990年，曼德拉出狱后的第一天，曼德拉在索韦托会见南非全国矿工工会的官员。

Negotiator

Dealings with internal conflicts and external threats. Outreach to whites and other minorities.

精英们的阴谋

在大部分黑人受教育程度如此低的情况下，怎样解决结构性失业问题？怎样让人人都过上好日子？消除贫困意味着实现国家资源共享，金融大鳄却警告曼德拉“政府干预经济是危险举措”。在大财团寡头的淫威下，精英们的阴谋就此诞生……

我们实现目标的手段受制于环境，随环境而改变，但我们对梦想的承诺坚定不移。

（1998 年在约翰内斯堡的南非共产党第 10 届全国代表大会上接受克里斯·哈尼奖时的讲话）

苏格拉底反诘法

有一本关于纳尔逊·曼德拉的连环漫画册，叫做《谈判者》（*The Negotiator*），曼德拉纪念中心似乎希望人们特别是年轻一代把谈判艺术当做改变生活的武器。学校里传唱着一首歌，中心词也是“谈判”：

他力争扭转时局，
团结全国人民，上下一心。
他加入非洲人国民大会，
什么是非国大？
你们拭目以待。
最初他试图去谈判，
想和政府好好谈一谈，
可他的话却没人理。
他不得已求助暴力，
可又被送上法庭去审理，
法官说：“你给我老老实实待在监狱里。”

纳尔逊·曼德拉是一位为了自由而战的斗士，但他同时也是一名律师，因此他很清楚他需要和敌人谈判协调。有句老话说得好：“要想达到目标，你不能只跟朋友协商。”有时候人们需要主动打破僵局，坐下来和敌人谈判，特别是那些想要置彼此于死地的死敌。你必须克服对对方的不信任感，培养信任，想办法达成一致。

最重要的是，你需要获得同志们的支持，或者从更广泛的角度来讲，要获得你的选民、你的人民的支持。曼德拉特别强调这一点，尽管他曾经背道而驰，未经同意就率先和政府开始谈判。不过，他反复强调，为了最终完成谈判任务，非国大必须作为一个团队，共同进行谈判。

他们正是这么做的，其中包括众多律师，如在谈判中扮演重要角色的乔·斯洛沃。曼德拉从事律师行业时是个有名的盘问高手和质问专家。安东尼·桑普森引用博茨瓦纳自由斗士迈克尔·丁贾克的话，去描述曼德拉在罗本岛大学教程班级里跟人争论的情形，他说：“如果别人的话毫无事实根据，曼德拉就会使用苏格拉底反诘法，十分尖酸刻薄。没几个人喜欢被人诘问，暴露自己的糊涂和无知。跟曼德拉作对最可怕了，他可不会压抑自己。”（当时可是在监狱里！）

西里尔·拉马弗萨早年是工党领袖，后来从商。他曾经担任非国大第一谈判团的主要代表，双方谈判最终达成一致协议。谈到谈判的进程，他描述道：“我们双方来自截然不同的背景，拥有截然不同的历史，代表持有截然不同战略目标的组织，却发现……我们有共同的愿景……去解决种族隔离问题，实现国家的民主……在谈判期间，有时候我们确实会对一些问题产生分歧。但是我们常说，没有什么问题是解决不了的。此后，我们发现，彼此之间的信任感不断增强。”

前立宪事务部部长罗尔夫·迈耶是政府的主要谈判代表，也是拉马弗萨的对手，他认为双方代表团成员之间的人际关系在谈判中起到了至关重要的作用：“人际关系是谈判当中最重要的部分之一。”

迈耶和拉马弗萨一起去钓鱼的故事被人们传为美谈。当时，鱼钩刺进了拉马弗萨的拇指，迈耶赶紧上前帮忙把鱼钩拔出来。这善意的一刻巩固了他们之间的友谊，也成了双方想要联合起来的象征，即使双方团队只有他们抱有这种想法。

非国大第一谈判团代表谢丽尔·卡洛拉斯高度评价了非国大积极分子在赢取对手信任方面所做的努力："这就是让南非国民党心中过意不去之处：非国大的领袖们不仅睿智过人，而且极其通情达理，对人关怀备至。如果有人患上重感冒，不管是自己人还是对方的人，他们发自内心地关心。他们嘘寒问暖，关切地询问病人感觉如何，是否需要暂停议程，要不要去看医生，屋子里有没有医生在场……"

拉马弗萨对当时人们所表现出的精神做出如下总结："可以说，南非是个充满协商精神的国家。终结种族隔离制度的谈判之美在于，它在这个国家点燃了火炬。"

新闻记者埃利斯特·斯帕克斯告诉我："我还没听说过哪种情况是通过我们固有的谈判方式解决的……这个国家为解决全球政治问题树立了典范，人们应该认真严肃地研究它……而不是简单地把它当做一场黑人和白人之间的博弈。"

赋予谈判道德权威

纳尔逊·曼德拉领导了这次谈判，他是这次和平谈判的象征。当时，在全国暴力横行和各党派之间尔虞我诈的威胁下，和平谈判随时都有可能偏离预定轨道，但即使在这种情况下，曼德拉依然赋予谈判以道德权威的地位。作为一名政治家，曼德拉身上有一股不服输的拼搏精神，他跟各反对党派据理力争，在党内力排众议，邀请各方面力量参与协商，让大家给和平谈判一次机会。

在他成为南非总统后，人们常常请求他用自己的谈判技巧去解决国内和国际问题。他曾经尝试通过谈判解决刚果民主共和国的政治问题，但是未能如愿以偿，不过在布隆迪倒是取得了明显的成功。后来，他成为由前总统和世界领袖组成的团队的一员，该团队名为“元老集团”，其成员利用自己的影响力协助解决国际问题。他坚决尊重群体决策，这让他在设法解决南非未来发展方向的问题上保持与大家协商的作风。

在谈判当中，非国大的主要目标是终止种族隔离制，在一人一票制的基础上建立多种族民主。非洲第一位独立领袖、加纳首任总统克瓦米·恩克鲁玛曾经对他的追随者们说：“首先要寻求建立政治王国。”这一观点得到了非国大很多中坚分子的认同。他们认为，只有赢得政治权力才有机会改造国家。

为“新南非”敲响警钟

然而，问题在于，统治南非的不仅仅是白人政党，还有大财团寡头控制的经济体系——南非的矿物能源集团（MEC）。更何况，在全球化时代，以华尔街或伦敦为基础的金融市场和大银行拥有强大的国际影响力，它们控制着新兴国家的经济行为，而各种国际商业势力也在施加巨大的影响力和控制力。

非国大想要改造南非，而不只是接管南非。他们想消除贫困，实现国家资源共享。1994 年举行自由选举时，他们参加竞选的口号就是“人人都过上好日子”。

但是，为了实现这个目标，不仅需要进行政治谈判，还必须进行经济谈判。南非全国总工会（COSATU）前代表乔伊·奈杜对此深有感触。曼德拉任命奈杜为自己的内阁成员，让他负责实施重建与发展计划(RDP)。这是非国大第一次尝试用政权去解决经济问题。然而，RDP 计划从一开始就受到商界的抵制和阻挠。

奈杜对我说：“柏林墙倒了，美国在对苏联的斗争中取得了胜利。我们当时就处于这种刚取得胜利的资本主义阶段，市场和资本将全世界数以亿计的人们从贫困中解救出来。所以，突然之间，你到了一个起步阶段，这个阶段在某种程度上降低了我们为之奋斗的东西的重要性，我们的斗争目的本来是要实现经济平等、社会团结和人格尊严，但是现在却要建立一个更注重个人主义的社会，强调这样一种理念——‘如果你失败了，那就只能怨你自己’。”

奈杜和非国大的一些成员本来想就这些问题进行谈判，可是却没有得到非国大和曼德拉的全力支持，曼德拉本人当时就已经被南非和国外影响力极大的商业大鳄说服，他们不断和曼德拉会晤，建议他不要干预经济，警告他政府出手干预经济十分危险，还承诺市场一定会带来社会所需的就业岗位。

奈杜补充道：“我们想围绕南非经济所面临的结构性问题举行谈判。在绝大部分黑人受教育程度如此低的情况下，怎么才能在一定水平上解决全国结构性失业问题？怎么才能促进就业，促进那些能够创造就业机会的企业发展？我们在这个问题上彻底失败了。”

几年后，在曼德拉生日那天举行了一年一度的纳尔逊·曼德拉演讲，他的继任者、前副总统塔博·姆贝基针对围绕市场要求建立“新南非”敲响了警钟：

“我认为，对我们来说，为了确保社会不分崩离析，首先我们必须永远都不要让市场成为我们社会性质的决定性因素。

“我们应当坚决反对‘市场原教旨主义’，乔治·索罗斯曾指责这种市场主义是导致社会失去支柱的原力。我们必须把追求社会和谐和人民团结作为日常活动的中心。”

然而，姆贝基的话说得太晚了，在他发表这次演讲时，南非已经在围绕市场进行重建，而且在某定程度上是在他的敦促之下进行的。卡祖鲁—纳塔尔大学教授帕特里克·邦德在他的研究课题《精英的过渡》（*Elite Transition*）中对这个时期所发生的情况作出如下解释：

南非对各解放组织的解禁和1990年2月纳尔逊·曼德拉的获释，导致在五六年的时间里，南非都处于不稳定时期，非国大内部和周围开始出现极大的不稳定性，这使得本来就异常激烈的意识形态斗争和派系斗争更加白热化。毋庸置疑，南非效率低下、严重走偏、呆滞不前的经济亟需彻底改革，然而，在初期最关键的五六年里，启动改革的力量十分不明朗。

那是个人心鼓舞的时代。曼德拉距离获释尚有一个月，他在狱中就提出，自由宪章必须坚持"矿产资源、银行和垄断行业国有化是非国大的基本方针，关于这点，我们的观点绝不会发生丝毫改变"。

曼德拉的声明引起了戴格诺大街（Diagonal Street，建于南非约翰内斯堡的摩天大楼。——译者注）的关注。《纽约时报·商业版》第二天就快快不乐地指出："那些正打算接受少数服从多数原则的人们本来以为自由企业和个人财产权得以保存，而这一声明摧毁了他们的希望。"

但是，这种希望以及范围广泛的"前景计划"很快就得到了丰厚的回报。该"前景计划"极力拉拢非国大和工会领袖向广为引用的"经验学习曲线"靠近，尽管这一曲线很快被证实对那些来自工人阶层和街头巷尾的激进分子们来说是过分夸张的遗忘曲线……他们不仅将维护自由企业和财产权写入了各大经济政策和宪法，新自由主义买办也开始在非国大决策层内部蓬勃发展，即便还称不上普遍，也已经成为常见现象。

秘密经济谈判

1994年，在举行大选前6个月，非国大和南非国民党通过"过渡执行委员会”（TEC）共同管理南非，当时，他们就南非未来的经济发展进行了秘密谈判。南非白人经济学家、斯泰伦布什大学历史学家塞姆佩·特雷布兰奇曾担任白人政府的经济顾问，也是幕后操控种族隔离制的南非白人秘密组织阿非利堪人兄弟会的成员，他说：“曼德拉先生在1990年2月11日获释，我听说，他每周都要跟哈里·奥本海默共进午餐或晚餐。哈里·奥本海默是英美资源集团的CEO、大老板，而英美资源集团是全球最大的矿业公司，从事金矿和钻石开采。

“从1990年到1991年，他们定期在小布兰特赫斯特会晤，来自世界各地的很多商界人士都会前来参加，小布兰特赫斯特地方都不够大。小布兰特赫斯特是一个非常有名的庄园，位于约堡（约翰内斯堡简称）正中间。现在你知道了吧？在20世纪90年代初，有两套谈判在同时进行。

“关于南非未来政治体系的谈判是公开进行的，也就是所谓的南非民主大会（CODESA）谈判，而其他谈判都是在夜间秘密进行的，就在位于约堡和比勒陀利亚之间的南非开发银行里举行……在这些秘密谈判中，矿业能源集团（MEC）扮演着举足轻重的角色。”

这听上去不像在谈判，倒像在搞阴谋。

“他们基本上达成一致，认为南非需要一笔8.5亿美元的贷款解决外汇问题。国际货币基金组织准备为我们提供这笔钱，但是有一个条件：参加谈判的16个代表（其中一半来自非国大，一半来自政府方面）必须共同签署一份文件。如果你认真看看那份文件，就会发现完全是一份‘华盛顿共识’。南非必须答应实施财政紧缩政策，答应实现自由化、私有化等所有要求。所以有的人称之为‘出卖’。”

“出卖？这听上去很严重。”

“‘出卖’、‘精英们的妥协’或者‘精英们的阴谋’，随便你怎么讲，反正它就发生在1994年大选前的6个月里。总而言之，美国在华盛顿、伦敦以及各大银行所倡导的经济哲学及其背后的价值观被强加于谈判双方。他们说：'我们可以给你们钱，但是你们必须先答应我们的条件。'"

新闻记者马丁·普劳特和保罗·霍顿在他们2012年出版的合著书《谁统治着南非》（*Who Rules South Africa*？）中写道："非国大没能获得经济改革的权力。"国际投资者反对原则上的国有化，国有化被看作实施"社会主义"。曼德拉于1991年和1992年前后两次参加世界经济论坛，当时劝说他实施混合型经济体制的不止是资本家们，还有一些社会主义国家的领导人，比如越南。为了安抚这种情绪，他立即修改了演讲稿。

1990年2月11日，重获自由的曼德拉在开普敦发表第一次演讲，为他举着话筒的是工党领袖西里尔·拉马弗萨，站在他身后的是温妮，他的右手边是非国大的领袖沃尔特·西苏鲁。

我就这一问题咨询曼德拉纪念中心的历史学家维恩·哈里斯，以为他不会理会，结果他认真地答复了我。

他说："我觉得这种说法有一定的可信之处……我认为，在曼德拉的领导下，非国大迫不及待地开始发展新自由主义……我们现在才开始理解这种现象的本质。从20世纪80年代后期开始，资本绑架的解放运动就一直在散发着巨大的诱惑力。现在，随着它所带来的各种毁灭性后果纷纷爆发，从武器交易到贪污腐败不一而同，它的诱惑力逐渐消失。然而，它已经渗透到了我们社会的方方面面。”

安东尼·桑普森在他写的曼德拉传记中承认：“曼德拉在处理国际经济问题方面毫无经验，他接受了全球市场的指令。”为了推动这种市场逻辑向深层发展，曼德拉让德克勒克的“亲市场派”财政部长德莱克·凯斯继续担任自己的财政部长。德莱克·凯斯辞职后，又让银行家克里斯·利本伯格接替这一职位。他还让阿非利堪人兄弟会的前保守成员克里斯·史塔尔斯继续待在国家储备银行。就像他说的那样，“全世界都以为一场新戏开锣了，其实唱戏的还是老角儿”。

“民族之矛”指挥官、政府部长龙尼·卡斯利尔斯在回首这段历史时怀疑当时所作的妥协决定了国家的命运，阻碍了社会的深层改革。20 年后，卡斯利尔斯在他 2013 年刚出版的自传《全副武装与危险之旅》(*Armed and Dangerous*) 中写道：

> 在民主大选前夕接受国际货币基金组织提供的贷款那一刻,我们就成了向魔鬼出卖灵魂的浮士德。那笔带有附加条件、阻止我们启动激进经济议程的贷款就是我们无可避免的罪恶之源,为了尽快让谈判走上轨道,接管我们对人民许诺的乐土,我们不得不作出这种让步。那时，大家疑虑重重：我们错误地认为自己别无选择，必须谨慎行事，因为我们曾经强大的盟友苏联在 1991 年因军备竞赛而宣告破产崩溃。于是，我们不再相信自己的革命群众，不相信人民群众有能力克服所有困难。这个错误抉择是不可原谅的。不管外界怎么威胁实施激进政策的南非，这个世界都离不开我们丰富的矿产资源。
>
> 所以我们根本没必要胆怯。非国大的领导应当坚定信心、团结一致、杜绝腐败，最关键的是要坚定革命决心不能动摇。

> 然而，我们临阵退缩了。非国大的领导应当信守他们为人民服务的诺言。只有这样，他们才能战胜根基深厚的资本家，挫败利用黑人经济授权政策、通过行贿舞弊和依靠出卖政治影响力牟取利益的新兴精英分子们，赢得绝对的领导权。

卡斯利尔斯曾经希望，为了协助南非重建遭到种族隔离制严重破坏的经济，西方能够实施类似于二战后欧洲重建计划的“新马歇尔计划”，但西方对此没有作出回应。相反，在南非面临严重失业的情况下，西方财政机关还一味劝告他们要进一步推动私有化，削减就业机会。他说，对于一个受美国支配、自私自利的经济秩序而言，南非的需求和南非人民的希望根本就不在考虑范围内。

后来，曼德拉在写最后一本著作《与自己对话》时曾经向理查德·斯坦格尔透露，为了让非国大放弃国有化的承诺，美国商人施加了巨大压力。曼德拉说，他参加世界经济论坛时曾经跟很多领导人会晤，他们都反对国有化，他承认：“我们不得不消除商人的顾虑……他们担心自己的资产被国有化。”

乔伊·奈杜也承认，南非当前所面临的很多问题，其诱因都可以追溯到当时的谈判中已有定论或未有定论的事项，不过他并未将之归咎于曼德拉：

“以专注于金融业的宏观经济计划取代重建与发展计划，这是我们大家作出的决定，不是别人替我们作出的，我们必须对此承担责任。那份文件是秘密起草的，就连非国大的执事人员都没看到，甚至连非国大全国执行委员会都没有看到，我们也是直到文件公布那天才看到。所以说，我们的队伍内部有人搞阴谋，显然，他们与国内强大的经济力量相互影响，认为重建与发展计划太激进了。”

奈杜的结论无可辩驳：“我们为这个国家酿造了一杯‘莫洛托夫鸡尾酒’（Molotov cocktail，土制燃烧弹的别称。——译者注）。我们今天所看到的种种问题，包括各种暴力冲突和愤怒氛围，都是我们当时所作的决定酿成的苦果。我不认为这是曼德拉的责任。有时候我觉得这是我的责任，是我这一代人辜负了国家的希望。”

但是，这些问题并不是由于某个人的失败造成的。控制经济发展的方向盘从来就不在南非手中，对于贸易和投资，它只能任由别人作出决定。非国大组建的政府也没有掌控经济杠杆，在南非国内，经济杠杆握在极少数银行和企业手中，这些银行和企业虽然称纳尔逊·曼德拉为领导，但是在政府亟待解决的问题中却未必听从他的呼声。

数年来，学者帕德里哥·奥马利在采访非国大及其政府的重要决策者时都会问到这些问题。这些地方领导人的答复常常都显得过分乐观或者根本就不明白南非的经济谁说了算。

下面以下是 1996 年 5 月 17 日奥马利和帕洛·乔丹之间的对话：

帕德里哥：失业，罢工，生活状况没有得到任何改善。然而与此同时，我们却在《纽约时报》商业版上看到企业的利润每天都在猛增。这些利润都跑到哪里去了？是被用于提高削减就业机会的技术上了，或被分给股东了，还是被吸引到其他基本不会产生就业机会的投资项目上去了？

帕洛：我认为我们受困于有限增长的桎梏，这种增长并不会带来就业机会。或许，我们需要提高经济增长速度，把增长率提高到 6% 左右，以增加就业机会。不过，当然了，我认为这么做也有个问题，那就是，新技术更有利于资本密集型企业的发展，而不是劳动密集型企业。我们当前必须更密切地关注市政工程建设，以增加就业机会；我们还必须关注中小企业发展，鼓励它们多创造就业机会。这些中小企业在创造就业机会方面比大企业效果更好。或许我们在鼓励中小型企业发展方面还做得不够，我觉得，即使有黑人经济授权政策，人们的关注点还是放在了企业巨头上，而对新兴的中小型企业关注度则不够。

谈话就这样绕来绕去，或许出于政府采取的亲市场新自由主义方向、来自精英们的压力和对疏远本国和国际商业的担忧，经济改革并没有受到应有的重视。政治家们支配政治，而大企业则要求自由支配经济，不管是在南非还是在世界其他许多地方，情况都一样。

2013 年，我问塔博·姆贝克对此怎么看。他在连续 9 年担任南非总统之前曾经担任副总统，他说："我认为，从 1994 年过渡期一直到现在，南非的根本问题从来都没有发生过改变，包括贫困问题、不平等问题。因此，人们在谈到民族和解和民族凝聚力等各方面问题的时候，都会涉及这些基本问题。我们要怎么做才能消除贫困？要怎么做才能缩小存在于黑人与白人、女人与男人以及其他各类群体之间的巨大差距，包括贫富差距、收入差距、就业机会差距以及诸如此类的种种差距？这是南非必须着力解决的问题。实际上，这让我们又回到了你所提出的问题上。

"从我们解放到现在已经这么多年了，可是有个难题我们一直都没能解决，那就是白人资本家的态度。我可以告诉你，即使现在，就在我们谈话的此刻，都有大笔大笔可以用于投资的钱没有用于对经济的投资，而是变成现金，流进南非白人公司的口袋里。从 1994 年开始就一直如此，因为他们在担心'经济危机迟早都会到来，这是不可避免的。既然不可避免，我当然要尽量让我的资产都变成流动资产，等我不得不跑路的时候，即便我搬不走工厂，工厂倒闭，我还可以带着钱跑路'。这是个旷日持久的问题。"

1990年，曼德拉出狱后参加的第一个集会，他的右边是温妮，左边是西苏鲁。

Onward

His philosophy and commitment to creating a new future for his country. His optimism and concern for peace in Africa and the world.

穿越死亡幽谷，向前进

在抵达希望的山顶之前，他一次次地穿越死亡幽谷。当他逝世后，媒体会把他塑造成一个受害者还是胜利者，一个瑕不掩瑜的普通人还是被重新包装成符合大众口味的完美圣人？南非推翻种族隔离制的史实被弱化了，仿佛他只是挥了挥魔术棒就成功了。

如果我说自己希望被人记住些什么，这会显得非常自我中心。我想把这件事完全留给南非人民来做。我只想有一块石头，上面写着“曼德拉”。

（摘自1997年《纽约时报》上安东尼·刘易斯撰写的动人文章）

媒体事先铺张的死亡“盛事”

在暮年时期，随着曼德拉日益衰弱，他在人们心中的形象已固定成形，同时也自然存在一定争议。在南非，他的偶像地位已经把他的形象固定为“国父”和虚拟英雄。

此时，他的一举一动都会引起国际新闻争相报道，因而，他在医院接受治疗期间，现任总统雅各布·祖玛曾经亲自发表声明，恳求媒体给曼德拉保留他作为一名普通公民、一位建立民主国家的总统和一位民族英雄应当享有的尊严。

《基督教科学箴言报》写道：“南非人对这位 90 多岁的前总统奉若神明，他们对他为争取民主权力而斗争的传奇事迹津津乐道，对他后来在南非最艰难的过渡期将人们团结在一起的功绩由衷感佩。”

社会经济调查研究所主任莎拉·纳托尔更倾向于从他自己的角度出发看待曼德拉，他在 2013 年 4 月份南非《邮政卫报》的文章中写道：

> 出现后消失、消失后再现，这一复杂的辩证逻辑正是曼德拉的人生写照，真实地反映了他从 1961 年开始从事地下活动到 1990 年获释再度出现在公众视野中这段时间的状况。因此，曼德拉最终的实际死亡绝不算猝死。

他的最终死亡也不会是彻底消失，他的人生就像一条长长的振荡曲线，他就在往复振荡中度过这一生：从相遇到分离，从孤苦一人到宾主欢宴，从激情的青春到平静的晚年。

他曾经几次经历家人和革命同志的死亡，这让他痛苦异常，他自己也曾面临死亡的考验，当时他被控蓄意破坏，在利沃尼亚接受审判。

纳托尔写道：

> 出庭辩护律师乔尔·杰弗写道："我们在回家的路上顺道去监狱找被告，虽然他们生活在死亡阴影下，却显得非常平静。巨大的压力几近让人崩溃，可他们唯一关心的问题是，如果被判处死刑成立，他们在法庭上应当怎么做。"曼德拉得知法官有可能会问他是否有抗辩事由反对核准死刑，他表示自己"准备为信仰献身"，他知道，他的死会激励他的人民继续斗争。"通往自由的路从来都不是平坦的。在抵达希望的山顶之前，我们必须一次又一次地穿越死亡的幽谷。"

激进分子、运动员和演员们为了表示对他的尊重，纷纷响应他的号召，在 7 月 18 日那天前来参加"曼德拉日"的活动。然而，社区服务人员和世界新闻网负责刊登讣告的部门却已经在悄悄地（甚至偷偷地）梳理他们的档案，搜寻相关的片段镜头和颂词，只等着他撒手人寰便立马刊载。他们时刻都在准备着，似乎觉得此事宜早不宜迟。

曼德拉的死亡或许会比他在这漫长的一生中所做的伟大贡献还更受到关注。

卸下人性的光辉

问题是，曼德拉会以哪种形象被人们缅怀？是领导人们并建立军事组织为正义而战的领袖？还是一个常年被关在监狱中却仍旧满怀激情、面带笑容并为此受到我们赞美的人？

以多年担任电影制作人的经验，我知道，电视新闻行业会凭直觉把逝者“人性化”，强调他们的象征意义。罗纳德·里根和玛格丽特·撒切尔的葬礼一连数日都受到报纸和电视充满敬意的报道，其中没有任何批评的字句。

这种处理手法还包括让逝者的形象更加温和、赞颂逝者的美德、消除其身上的政治色彩，以呈现给人们一个平易近人的形象，一个受到赞美却不一定要去学习的大人物形象。然而，相对于真正的纳尔逊·曼德拉而言，这种形象模糊不清，缺乏个性。他是一位真正的政治家，曾经宣称“斗争就是我的生命”。

如果以讨喜的乐天派形象缅怀曼德拉，那我们将会错过非常重要的东西。莎拉·纳托尔曾经这样描述曼德拉在最痛苦的时期藏身的地方：

> 在狱中，曼德拉曾经几次面临死亡的严重威胁。被囚禁期间，他的活动范围就只有一间牢房。牢房的外观也许不像坟墓，但它只有4平米大的空间，倒是有点儿像棺材和墓穴的结合体。牢房代表着围绕在他身边数十年的艰难和严酷。每当面临死亡的威胁，他都会缩回他的牢房，或者消失在他的牢房里。牢房作为他的监禁之地和独居之地，也成了他的寿衣，成了他面对自我和哀伤之地，也是哀悼他自己和已逝者的地方。在罗本岛服刑期间，曼德拉的梦也非常具有象征意义，他每次讲起这些梦都像在讲鬼故事……

他写信给温妮说：“有时候，我觉得我就像个冷眼旁观自己生活的人……像错过了自己的人生。”

当上总统的曼德拉，他所获得的和没有获得的成就，本该广为人知却不为人知。南非推翻种族隔离制的史事被弱化了，好像他只是挥了挥魔术棒就成功了。

电视新闻从来都只正面报道那些由上层的显要人物自上而下的变革，而不是那些由底层自由斗士自下而上施加压力的做法，包括借助流亡武装斗士之力反抗当局统治，通过联合国决议、经济和文化制裁施加压力，通过世界各地反种族隔离制的激进分子、甚至在安哥拉打败南非的古巴军队施加压力，让当局政权的统治难以为继。

媒体不会宣扬这些历史事迹，他们唯恐人们受到鼓舞。资助曼德拉基金的企业和基金会更乐意把他当成一个不切实际、讨人喜欢的社会改良家，而不是一个被当局痛恨多年的鼓动家。

充满希望的囚徒

曼德拉被关在监狱的那几十年里，南非政府千方百计想让人们遗忘他。

当时在南非，人们不得引用他说过的话，不得展示他的照片。南非执政者不仅把他关进最偏远、最野蛮的土牢，还让他彻底消失在公众视野里。

即便如此，他也没有被人们遗忘，他团结身边的人，建立抵抗组织,在所谓的“罗本岛大学”对年轻的入狱者开展政治教育和培养。其中最重要的是强调自我教育、自我提高和展望未来。“岛上的同犯”告诉我：“我们成了充满希望的囚徒。”

曼德拉对狱警以朋友之道相待，说他们的语言，关切地谈及他们的家人，逐渐消除他们的敌意和暴力，跟他们打成一片。他一直都很有策略。他学着控制自己的愤怒，不让自己被仇恨压垮，以保证自己能活下去。

他做得非常成功，以至于一位监狱长问他："曼德拉先生，可以把我的监狱还给我吗？"

在拉开旷日持久的个人斗争的同时，他时刻保持内省，隐藏自己的脆弱，克制自己的情感。当他知道自己被当作榜样时，马上尽职尽责地扮演起这个角色，其素养堪比表演艺术家。随着他的胆略渐渐为世人发现，南非政府也不得不对他认真起来。

那时，当权政府几乎淹没在世界各地各个领域要求释放曼德拉的请愿浪潮里。他的追随者越来越多，对他们来说，曼德拉的每句话都充满了深意，即便有时候这些话本身并没有别的意思。

他开始跟种族隔离政府的领导者博弈，先对谈判对手德克勒克一通狂轰滥炸，然后又对他敞开怀抱。他协助组织了南非第一次民主选举，确保所有党派都自由参与大选，因为他知道，把南非的未来寄希望于所有的选民阵营至关重要。

他主动跨越种族界限、政治界限和部落界限成立同盟。为了避免内战、振兴经济，他自己做出原则上的让步。后来他当上了总统，可是任期一满，他就自动辞职了，这在非洲实属罕见。此外，他比其他领袖更早公开承认艾滋病所造成的灾祸。

这就是他。在漫长的数十年里，一次又一次遭遇挫折，却依然热情高涨、不屈不挠。这就是曼德拉"漫漫自由路"背后的故事。尽管他的感情生活、他和妻儿子孙之间的种种问题紧扣着人们的心弦，但是比起他为了正义和自由领导南非人民并最终取得胜利的战斗史诗，这些就显得微不足道了。

在他逝世后,这场鼓舞着全世界的自由之战应当被人们传颂,可是,你觉得网络会怎么报道？他们会把他塑造成一个牺牲者还是一个胜利者，一个瑕不掩瑜的人还是一个被重新包装、适合大众口味的完美圣人？他们会呈现给大家一张面带笑容、和蔼可亲的好莱坞式伟人的相片，还是一个领导人民冲破万难、英勇斗争的解放领袖的真实传奇？

出于他的丰功伟绩，很多南非人已经对他奉若神明。据《监视者》报道，荣誉大主教德斯蒙德·图图对记者说："我们还想让他怎么样？我们想让他名垂青史。"

1990年，曼德拉获释后坐在他位于索韦托的房子外面。

![P]resident

How he was elected and his term in office.

从囚徒到总统

1994 年南非大选空前盛大，曼德拉无疑将获得压倒性的胜利。如果非国大得票率达三分之二，他们就会一党独大，但是他们为何操纵选举，为政敌留一席之地？平等是一种尊严，然而失业同样让人没有尊严，在最初 5 年内，南非失去了 50 万个岗位。在伟大的光环背后，曼德拉也有未能实现预期的一面。

与其说我是一笔财富，不如说我是一个装饰品。

（曼德拉谈自己担任南非总统一职）

他不想当总统

纳尔逊·曼德拉出狱后发现自己的政党四分五裂，离心离德，对未来看法不一，争论不休，于是他的学习曲线高速运转起来。

他出狱后担任的第一个职务是非国大副主席。在主席奥利弗·坦博中风后，经一致同意，由曼德拉接任非国大主席。在讨论拟定非国大竞选候选人时，他再次成了人们的第一选择。刚开始他不同意这个决定，因为他不想当总统。当时曼德拉推荐了其他人选，同志们用他自己的话反驳他，说他明知道集体领导的重要性，就不应该推脱，于是他勉为其难地答应了，但是却提出了一个让人意想不到的条件：如果竞选上总统，他只任一届。他拒绝改变自己这一决定，事实证明他说到做到，这让很多人对他由衷敬佩。因为很多总统一旦上台执政，都恨不得连任一辈子。

非国大没人想象得到会出现一场像 1994 年大选那样现代化的新闻盛事。非国大的领导者本以为，要想改变南非，就必须像邻邦莫桑比克和津巴布韦的解放战争一样，借助军事力量颠覆政权。不过他们也知道，打败当权者的几率微乎其微，因为军事力量都掌握在白人政府手中，而白人政府把将近 10% 的国内生产总值都用于军费开销。

数年来，实施种族隔离制的南非专制政府冥顽不化，拒绝变革，也不愿跟反对派协商谈判。出乎意料的是，这次的变化来得非常突然、非常迅猛：南非国民党强硬派领导者博塔被自己的政党撤职；国内冲突事件层出不穷；在国际上，不止是激进分子，就连别国政府和银行家也纷纷对南非政府施压。非国大通过谈判争取到了自由选举的资格。74 岁的曼德拉在南非第一次多民族民主选举中当选总统。

为政敌留一席之地

在大选前，非国大必须从一个地下组织转变为一个公开、可信赖的责任政党。他们必须创立选举机器，在独立选举委员会设置的进程中胜出。当时非国大还没什么名气，别的政党怎么做，他们也跟着怎么做。他们从外部请来了顾问，顾问们提出竞选策略，打出竞选广告。他们得到了比尔·克林顿总统和美国民主党的支持。而南非国民党从英国保守派的萨奇广告公司请来了顾问，玛格丽特·撒切尔的竞选顾问就来自这家公司。

史蒂文·塞德曼在伊萨卡大学写《传播管理和设计纲要》时如此描述当时的情形：

> 曼德拉的竞选顾问是来自美国的政治咨询顾问格林伯格，比尔·克林顿两年前竞选美国总统时的顾问就是他。格林伯格在决定竞选主题上充分利用了典型群体，他指出，非国大不是一个“解放组织”，而是“变革的代理人”。
>
> 此外，他还建议曼德拉将自己的形象变得更温和一些。这种形象管理体现在了曼德拉的海报上：来自各种族的孩子们围绕在他身边，他面带笑容，慈祥可亲，对那些希望孩子们的未来更光明的人来说，他就是准备帮助大家实现愿望的“变革代理人”。他们一边巧妙地改变形象，一边提出明确的目标：“5 年内提供 250 万个就业机会、100 万套新住房。”

格林伯格的格林伯格—昆兰—罗斯纳研究所的努力没有白费。他们在南非全国各地展开开拓性的调查研究，帮助非国大把竞选焦点放在人们对“人人过上好日子”的热切渴望上。

正如格林伯格—昆兰—罗斯纳研究所网站介绍的那样：“这种面向未来、兼容并蓄、乐观积极的架构让非国大得以宣传自己的计划和政策，并打造出一个准备执政的政党形象。非国大意识到自己当下所处的新环境后，不仅集中力量动员选民，还极力去说服他们。”

当时除了《每周邮报》和《新国家》，南非所有报纸都反对曼德拉当选，他们担心继续发生民族冲突，所以都支持南非国民党或民主党。曼德拉成了非国大的主要资金筹集人，他到南美、欧洲和亚洲巡游，与捐赠人频频会晤，其中还包括曾经支持种族隔离制的捐赠人。

后来加入路透社的南非新闻记者里奇·穆克亨迪提起非国大在美国公共电视上有多么受人欢迎时说道：“我们南非人还处于解放的某种状态。昨天还跟一个朋友说起这个问题。我问他：‘你为什么不把票投给其他政党？’他告诉我：‘瞧，在 20 世纪 60 年代我奋力拼搏时，成了警察的目标，当时就只有非国大帮过我。现在我没有工作……我喜欢非国大。我要把四次大选的票都投给他们。’也就是说，他准备花 20 年的时间来改变他的生活。”

我负责为安南特辛的电影《自由倒计时》（*Countdown for Freedom*）采访和拍摄那次竞选。我们把大选当中很多重大公共事件都拍了下来，还得到曼德拉的首肯，去拍摄了那次“解放选举”的幕后故事。竞选期间，我在一次集会上碰到了斯坦格尔。看着曼德拉被保镖们围在中间，他嘲讽道：“他又成了囚犯，仍旧被卫兵们包围。”

鉴于非国大对几百万从未投过票的选民的吸引力，谁都看得出他们肯定会胜出。从官方数据来看，他们获得了 63% 的票数，据说，为了确保反对派能在被称为“国民统一政府”的国会里保留一定席位，截止到这个数据就没有再继续计票了。如果非国大的得票率达到三分之二，他们就有权建立专政政权，独自统治南非。非国大担心这个结果会引起暴力骚动，认为还是要给反对党一席之地。这是出于政治上的考虑，涉及选举操作。非国大的竞选顾问们向曼德拉提出建议，告诉他该如何去做一名合格的候选人。当时他告诉我："他们是我们的老板，他们怎么说，我们就怎么做，因为他们知道怎么引导我们。"

未能实现的政治抱负

竞选成功是一回事，建立政行令通的总统办公室是另外一回事。作为副总统的塔博·姆贝基在组建政府机构、协助曼德拉工作等方面发挥着巨大作用。曼德拉的狱友艾哈迈德·卡特拉达担任总统顾问一职，承担特殊工作任务。曼德拉知道，作为总统，他代表了整个南非。从南非白人泽尔达·拉·格兰奇的职业生涯就可以看出曼德拉政府是真心实意地欢迎南非白人参与国家管理。格兰奇从一名年轻的女打字员成为曼德拉的助手，后来一直都担任他的私人助理。

格兰奇告诉我："当时我觉得他怎么都不会选择一名南非白人女性为他工作，不过，1994 年那时候我还不是他的私人秘书，而是办公室的一名打字员。后来，我们之间建立了某种工作关系，从那时开始，我开始渐渐走上现在的位置，因为他给了我这个机会。

"18 年后，我还在为他工作，我是他的私人助理。我觉得这跟他在狱中跟白人建立的友谊也有一定关系。人们以为他会憎恨白人，可是他从来都没有。他在被关押期间就曾利用白人看守的友谊实现自己的目标。所以，白人一直都在他的生活中扮演着一定的角色。"

我问道："他身上有没有什么特别之处，让他跟来自不同种族、不同政治派别的人都能建立如此默契的合作关系？"

格兰奇认真地想了想才答道："我觉得，他身上有一种品质，但是人们没有充分注意到，这种品质非常关键：他在跟你打交道时，是把你当作你自己，当作他面前的那个你，而不会去关注你的肤色、宗教和信仰。他在种族隔离制时期的对手在他释放后跟他成了好朋友。所以种族并不影响他现在怎么对待你。对于南非白人或其他白人，他只会把你当成当前正在跟他打交道的那个人来看。”

“你当时害怕吗？毕竟你从小到大的成长环境都告诉你，这些人都是恐怖分子。”

“刚开始我很害怕，毕竟是在非国大领导的办公室里工作。尽管非国大并不直接管理政府，但是政府和非国大之间有着非常紧密的联系。政府虽然由人民选举，但是负责政府运行的是非国大。而我出身于非常保守的环境，所以心里很害怕。

“从小我就被大人们教导说，他们是恐怖分子，是敌人，他们要想方设法地杀掉我们，要是非国大执政就没有活路了。所以当时特别害怕。我觉得或许当时非常关键的一点是，我非常年轻幼稚，对政治所知不多。

“所以当时我也没什么别的想法，就只是拿薪水做事而已。幸运的是，我所受到的家庭教育告诉我，无论如何，都要做好自己份内事。不管你是一名打字员，还是一个小贩，还是一位首席执行官，这都无关紧要。关键不在于你的职位，职位什么都算不上，关键在于你的努力。态度很重要，这就是我从小受到的教育，它决定了我的一生。”

“你对曼德拉的第一印象如何？”

“我第一眼看到他时只觉得他个子很高，然后发觉他显得很老。他已经是个上了年纪的政治家。接着我感到自己充满罪恶感，是我们这些南非白人把这个人送进监狱里关押了这么多年，我们应当对种族隔离制负责。然而，他所做的第一件事就是向我伸出手，跟我打招呼。我彻底感动了，哭了起来。他对我说着我的家乡话——南非白人说的荷兰语，那简直太感人了。”

拉·格兰奇说她当时很慌乱，甚至有些害怕，担心得不到他的团队支持。但是，他的团队非常善解人意。

“他身边的工作人员，包括新闻处、行政机构和总统办公室的职员，都有深厚的政治基础，政治悟性非常高，我坦率地把自己的担忧告诉他们，得到了极大的安抚。他们不遗余力，耐心地将我引上政治道路。首先，他们安排我去索维托巡游。我以前从未去过索维托。”

新闻记者、作家戴维·古德曼曾经写过一本书，分析非国大上台后所面临的挑战。他说，曼德拉总统确实很受欢迎，但他并没有——或许是不能实现所有的政治抱负。

“就这点而言，其结果非常复杂。当然，从装进南非贫困地区的水龙头、电力设施和电话数量来看，确实有变化。最贫困地区的情况也有所改善。但是有没有真正带来就业机会才是大部分南非黑人最关心的问题，但是这个问题至今没有解决。事实上，在过去 5 年内，南非失去了 50 万个就业岗位。”

不过，在艾哈迈德·卡特拉达看来，这种说法太片面了。卡特拉达出狱后一直跟随在曼德拉身边，后来进入政府工作。

他对我说：“在我看来，最重要的变化不是物质增益，而是我们在有尊严的条件下所获得的物质增益。在种族隔离时期，有的告示牌上公然写道：‘非欧洲人、商人和狗不得入内。’我有复印件，可以拿给你看。所以说，除了白人，其他人在种族隔离制度下都不被当人看。而且全国各地到处都有这样的告示牌。

“所以我们赢得的是我们的尊严，人类的尊严。所有人都是平等的。实施种族主义是犯罪。这才是至关重要的。不管你贫穷还是富有，不管你住在小公寓里还是宫殿里，如果你没有尊严，那就一文不值。我们获得了平等，这是我们的成就。但是，处于贫困之中是没有尊严的，处于失业和饥饿之中也是没有尊严的。所以我们不能因为获得了平等就心满意足，我们任重而道远。”

曼德拉离开办公室时所摄，此时他的脸上挂着经典的灿烂微笑。（马修·威尔曼摄）

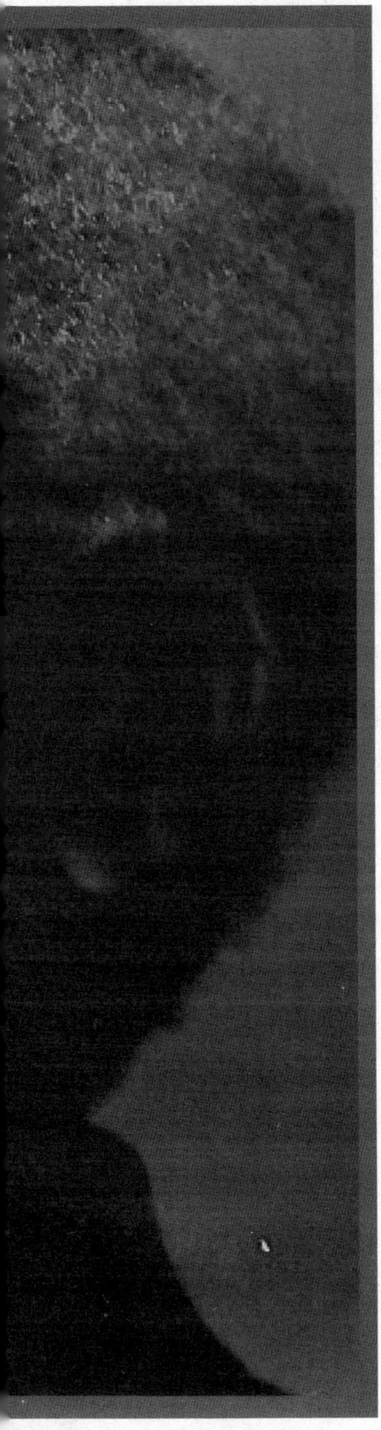

Questions

The questions people around the world ask most frequently about Nelson Mandela.

真实写照

将来历史学家也许会透露关于曼德拉不为人知的秘辛，“修正主义者”可能会努力推翻已有的观点，但关于曼德拉的许多诠释与事实并不相符。问题答疑告诉你一个真实的曼德拉。

我不是救世主，而是一个因特殊环境而成为领袖的普通人。令我担忧的事情之一就是我被提到了半神半人的位置——好像你不再是人了一样。

（摘自 2000 年 2 月曼德拉讲话）

关于曼德拉不平凡的一生，人们还有很多问题要探讨。将来历史学家也许会透露我们未知的秘辛，提出和今天的历史学家们截然不同的诠释。所谓的“修正主义者”可能会力求推翻我们所持的观点，但他们的某些诠释与事实不符。

曼德拉纪念中心每个月都会收到成千上万封来自世界各地的电子邮件和信件，大家问得最频繁的问题通常都是一些最基本的问题，大都关于他漫长的人生和他做出的贡献。下面从中遴选一些常见问题，并附上纪念中心的答复，以飨读者。如果要了解其他常见问题和相关答复，请登录 NelsonMandela.org 进行查询。

问：我怎么才能联系上纳尔逊·曼德拉先生？

答：曼德拉先生 2004 年就退出了公共生活。不过，你可以通过曼德拉纪念中心的邮箱 nmf@nelsonmandela.org 给他留言。

问：曼德拉先生的家人都有谁？

答：曼德拉先生有一个大家庭。他和第一任妻子伊夫琳·梅斯生了两男两女，和第二任妻子温妮·马迪克泽拉生了两个女儿，这些儿女当中健在的只有 3 个女儿：玛卡兹维、泽娜妮和辛德兹。此外，他还有 17 个孙辈和 12 个存活下来的曾孙辈。他和格拉萨·马谢尔结婚后，格拉萨带来 4 个继子女。

问：为什么曼德拉先生接受某些人的要求进行拍照，其他的却不接受？

答：所有的参观者都必须签署一份行为守则，承诺他们给曼德拉先生拍摄的照片仅用于私人收藏，不用于出版、筹募基金活动或者其他商业用途。曼德拉先生会不时会见媒体，接受采访拍照。

问：曼德拉先生一生结过几次婚，都是跟谁？

答：曼德拉先生共结过三次婚。第一次是 1944 年,和伊夫琳·梅斯。他们两人 1955 年分手，1958 年离婚。伊夫琳于 2004 年逝世。他们育有两男两女，其中一个女儿在 9 个月大时就夭折了，死于 1947 年。最大的儿子马迪巴·桑贝基勒（桑贝）1969 年死于一场车祸，当时曼德拉先生在监狱里，连儿子的葬礼都不被允许参加。第二个儿子马克贾托·勒万尼卡 2005 年死于与艾滋病相关的疾病。1958 年，曼德拉先生与温妮·马迪克泽拉再婚，他们育有两个女儿，分别叫泽娜妮和辛德兹。两人于 1996 年离婚。1998 年，曼德拉先生在生日那天亲口宣布与格拉萨·马谢尔结婚。马谢尔夫人带来四个孩子，两个是她亲生的，还有两个是继子女。

问：曼德拉先生现在多大年纪？

答：曼德拉先生 2013 年 7 月份满 95 岁。

问：曼德拉纪念中心或者其他相关兄弟慈善机构对曼德拉先生接见人们或者在公开场合露面收费吗？

答：不收。曼德拉先生接见谁由他自己决定,我们一分钱都不收。曼德拉先生的时间不是用金钱来衡量的。

问：在南非实施种族隔离制期间，曼德拉先生抱着怎样的憧憬？

答：在南非实施种族隔离制期间，曼德拉先生憧憬推翻种族隔离制。他期望建立一个人人平等的南非，让每个成年人都有投票权。

问：什么是种族隔离制？

答：种族隔离制是南非国民党的官方政策，于1948年在南非生效，是政府官方实施的种族隔离。在种族隔离制度下，南非人被按照种族进行划分，种族划分的结果决定着人们的活动范围，人们在哪里生育、工作、看病都有严格的规定，就算死了，也只能埋葬到指定地点。在种族隔离制度下，只有白人有投票权，他们享受最好的条件，政府用在白人生活娱乐设施上的费用也最多。种族隔离制让白人以外的人们陷入贫困的生活。南非黑人的生活受到了严格的限制，成千上万的人们为了反抗种族隔离制而艰苦奋斗，甚至付出生命的代价。

问：曼德拉先生在监狱里取得了哪些成就？

答：曼德拉先生一直被关押在罗本岛的高度设防监狱里，直到1982年才被转移到波尔斯穆监狱，随后又被转移到维克多·维尔斯特监狱。1990年2月11日，他从维克多·维尔斯特监狱获释出狱。他在极度艰苦的环境里不屈不挠，进行着坚苦卓绝的斗争。狱友们至今还对他如何成为领袖而津津乐道，赞扬他为了提高监狱的条件、为大家争取学习的特权而不懈斗争的精神。他鼓励大家永远不要放弃尊严，他还将分属不同政治组织的狱友们团结在一起。在被关押后期，他开始和当权政府进行交涉，利用这些交涉投石问路，最终促成了南非的和平谈判。

问：曼德拉先生的父母亲是谁？

答：曼德拉先生的父亲是葛德拉·汉瑞·孟伐肯伊斯瓦·曼德拉酋长，他的母亲是诺西肯尼·范尼·曼德拉。

问：作为一位领袖，是什么信念和行动影响着曼德拉先生？

答：实现人人平等的坚定信念和推翻种族隔离制度的坚定决心激励着曼德拉先生。曼德拉先生参与组织并领导了很多和平抗议运动，但是，在遭到当局多次暴力阻挠后，他和他的同伴们清晰地意识到，当局不允许通过和平途径实现变革。1961 年，他们为自由斗士们组织了一支军队，叫做“民族之矛”，开始进行武装斗争。

问：曼德拉先生被监禁的时间是从什么时候到什么时候？

答：曼德拉先生曾先后七次被捕，其中四次受审。1952 年 7 月 30 日，他和 19 名同伴因领导“蔑视不公正法令运动”而被捕，1952 年 9 月受审。同年 12 月 2 日，他和 19 名同伴被宣告犯“法定共产主义罪”，即种族隔离制政府给那些反对者制定的罪名。他们被判入狱做苦工 9 个月，缓刑 5 年。1956 年 12 月 5 日，曼德拉先生等人因涉嫌“叛国罪”被捕，两周后被保释。

经过四年半的审讯，针对所有被告的指控全都被撤销了。1961 年 3 月 29 日，曼德拉先生和 29 名同伴被宣告无罪。在他们以涉嫌“叛国罪”受审期间，非国大被宣布为非法组织，曼德拉先生在审讯接近尾声时，开始投入秘密活动。同年年底，非国大武装组织“民族之矛”成立。曼德拉先生于 1962 年初离开南非，前去组织军事训练，并为非国大寻求更多支援。1962 年 8 月 5 日，他再次被捕，被指控煽动罢工和非法离境，1962 年 11 月 7 日被宣告有罪，被判入狱 5 年。1963 年 5 月，他被关进罗本岛的高度设防监狱。但是到了 1963 年 7 月，他又被送往比勒陀利亚，以蓄意破坏罪受审，这就是所谓的利沃尼亚审判。在这次审判中受到指控的人大多数都是在约翰内斯堡郊区利沃尼亚的立里斯里夫农场被抓捕。这次审判从 1963 年 10 月开始，直到 1964 年 6 月 11 日才宣判，9 人受到指控，8 人被宣告犯有蓄意破坏罪。第二天，他们被判处终身监禁。

问：曼德拉先生是什么时候获释的？

答：1990 年 2 月 11 日，星期日。

问：“马迪巴”这个名字是什么意思？

答：“马迪巴”是曼德拉先生所属的腾布王朝常使用的名字，源自一位 19 世纪的滕布酋长。这个家族的所有成员都可以叫做“马迪巴”。人们为了表示对曼德拉先生的尊敬和爱戴，称其为“马迪巴”。

问：曼德拉先生上过招收多种族学生的学校吗？

答：没有。曼德拉先生上学时还没有哪个学校可以招收不同种族的学生。他去南非金山大学上学的时候曾在混合人种的法律班学习。

问：Graça Machel 这个名字怎么读？

答：格拉萨·马谢尔。

问：曼德拉先生有几个兄弟？

答：曼德拉先生的父亲娶了四个妻子，一共有 13 个孩子。曼德拉先生的母亲诺西肯尼生了四个孩子，包括曼德拉先生和三个女儿。所以，曼德拉先生有三个同胞姐妹、三个同父异母兄弟和六个同父异母姐妹。

问：曼德拉先生解放了多少人？

答：解放运动解放了南非的全体人民，南非大约有 4 000 万人。

问：那句关于“最深的恐惧”的引语是曼德拉先生说的吗？

答：不是，这句引语出自美国作家玛丽安娜·威廉森之口，常常被误认为是曼德拉先生所言。

问：曼德拉先生有多高？

答：6.3 英尺（1.94 米）。

问：我想让孩子们了解曼德拉先生，请问那些书合适他们？

答：《勇者曼德拉自传》、由克里斯·凡·维克删节的儿童版《插图版漫漫自由路》（*The Illustrated Long Walk to Freedom*）、《纳尔逊·曼德拉：授权漫画》（*Nelson Mandela: The Authorized Comic Book*）。

2013年6月30日，美国总统奥巴马站在曾经囚禁曼德拉27年的牢房内，望向窗外，心中充满对曼德拉的敬意。此时曼德拉正卧病在医院。

Recognition

The world recognizes and honors Madiba, but what does he think of this adulation?
How does Madiba see and recognize himself?

变革时代的洞察力

曼德拉身上究竟有着怎样的洞察力？为什么他能够迅速分析所处境况调整行动？普通人遭遇不幸只会愤怒和委屈，曼德拉却可以超越个人际遇，看到整个国家的未来。

我希望你用自己的头脑，而不是用血液进行思考。

（纳尔逊·曼德拉）

曼德拉在诺贝尔和平奖的获奖感言中感谢“不计其数的人们，不管是来自国内的还是国外的，他们都有着大公无私、反对暴政与非正义的高贵精神。他们认识到，对一个人的伤害就是对所有人的伤害，因此我们要组织起来，共同行动，去捍卫正义和人类的基本尊严”。

曼德拉获奖时说，他始终认为这个奖项应该授予所有为了实现南非自由而奋斗并取得胜利的人。在纽约参加完抛彩带欢迎仪式后，他告诉我，这些荣耀都是献给非国大的。但是，如果没有曼德拉，非国大在曼哈顿下城举行的游行活动还会有人来参加吗？

曼德拉得到了全世界的普遍认可。一种核粒子以他的名字命名，还有一座工厂也以命名向他致敬。这种情况不胜枚举，其中包括他获得过的诸多奖项，许多街道和学校，甚至还有很多市镇。

然而，他终身的朋友乔治·比佐斯律师告诉我说，曼德拉不想让人给他铸雕像，也不想让街道以他的名字命名。他最大的心愿就是看到人们的生活坏境得到改善，生活水平得到提高，不管来自哪里的人都能享受自由的生活。比佐斯还说，如果有人很有钱又想向曼德拉致敬，那就去建学校或医院吧，去做一些诸如此类能够直接改善人们生活的事。

如果非要让我从曼德拉众多优秀品质中挑选出一个最出色的品质，那肯定是他能够迅速分辨出自己所处境况的好坏并作出相应调整。

在很长的时期里，南非黑人和外界忽略了一个事实，那就是在南非白人眼里，种族隔离问题不是“土著人的问题”，而是“关于白种人生存的问题”。

当时德克勒克曾发表演讲，警告南非白人面临四种危险：黑色危险（黑人的政治觉醒）、红色危险、黄色危险（印度移民）和白色危险（南非白人的分裂）。谁能想到，在其他人眼里强横顽固的南非白人政权，面对周遭环境时，其内心之脆弱、恐惧之深切。

曼德拉很早就能洞察白人统治者的这种心态，这非常奇妙，因为他在穷乡僻壤长大，以“南非农民的儿子”自况。然而他却敏锐地看到南非黑人没有能力“把白人赶入大海”，南非白人也没有能力消灭占总人口五分之四的黑人或者长久实行种族隔离制度。

与此同时，他也察觉到，经济基础决定上层建筑，南非白人政权施行种族隔离制度，更多是出于“务实”的考量和对自身生存前景的巨大恐惧感，肤色偏见反在其次，因此把白人逼到“无路可退”的地步，无益于黑人争取自由的事业。

在漫长而艰难的铁窗岁月里，曼德拉进一步认识到，如果南非黑人没有自由，南非白人也同样无法获得自由，他说：“压迫者和被压迫者一样需要获得解放。夺走别人自由的人是仇恨的囚徒，他被偏见和短视的铁栅囚禁着。”

说到“蔑视不公正法令运动”，传记作者安东尼·桑普森告诉记者：“曼德拉确实有点虚荣。当然，这让包括我在内的一些人都在猜测他虚荣的背后是为了什么……他一直都是个形象大师，总是表现得游刃有余。顺便说一下，大多数伟大的政治家都有这种特点，但是他好像特别突出。

“我还记得他发动‘蔑视不公正法令运动’时的情形。当时，他是志愿者中的重要代表，穿着一件很长的军大衣，发号施令，看上去简直就跟准军人一模一样，威风凛凛的。他游刃有余的态度和满脸真诚的笑容给人留下了深刻印象，那笑容，简直都要让人怀疑是不是真的了。”

在罗本岛监狱里，曼德拉很快就分析出，要充分利用这段经历应该怎么做，理查德·斯坦格尔通过这点来证明曼德拉对所处境况的分辨能力和从更广阔的角度看待问题的能力。

斯坦格尔在接受美国公共电视采访时说道：

> 他在监狱中学到的事情之一就是试着把目光放长远，他也确实是这么做的。我不确定他是否从一开始就知道该怎么做，如果不是，那他也很快就学会该怎么做了：他决定学习南非白人通用的南非荷兰语，决定跟狱警搞好关系。他以一种很奇特的方式实现了这些决定，这么做使得他和那些白人狱警之间的关系无意间成了整个南非相处模式的缩影……
>
> 我们当时一直在谈论的是他和世界之间的关系，那种关系很像反目的情人。曼德拉的天赋就在于，他能够以一种奇特的方式把个人问题变成政治问题。作为普通人，如果有人欺负我们，我们可能会觉得愤怒、委屈，但不会从更广的角度去考虑问题。可是，在某些情况下，曼德拉却可以做到从更广的角度出发去看待问题，而不认为是针对他个人的。

因此，从某种意义上讲，在获释后的那段时间里，他才面临最艰巨的挑战。当时,他的成就得到了全世界的认可。但从某个方面来说，那却是他最孤独的时期，特别是在跟温妮分居并离婚之后，他显得特别沮丧。当时的他处于完全陌生的环境中，面临着完全不同的问题。

马克·马哈拉杰是曼德拉的毕生好友，后者最近一段时间的健康状况都是由他负责向媒体通告的。他还记得曼德拉获释时的情形。他认为，让人意外的不是曼德拉的获释，因为他的获释早就在人们的意料之中，意外的反而是当局对各种被禁组织的解禁。马哈拉杰说：“只有一点让人特别意外，那就是这次解禁的范围之广，甚至连‘民族之矛’都被解禁了。之前我们的任务就是开展斗争，现在都解禁了，还要军队干什么？”

2005年3月，曼德拉在“46664抗艾滋音乐会”上演讲。“46664”是曼德拉在罗本岛监狱服刑时的代号，意为1964年的第46664名犯人。音乐会选用这一代号，旨在唤起人们抗击艾滋病的信心与决心。

Stalwart

Standing up for his beliefs. Fighting for the poor and those afflicted with AIDS.

中坚式领袖

艾滋病是南非不光彩的伤疤。当大部分领导人都批评他过于关注“南非艾滋病”而非国家“贫穷病”是本末倒置之时，曼德拉却从未动摇——他品尝过因艾滋病而痛失亲友的苦涩，因此希望别人能免此不幸。痛人民之所痛，忧人民之所忧，有如此领袖，何愁国家不和睦？

我希望安享退休生活的和平与安宁，但是与你们许多人一样，我知道当这块我们所爱的大陆正在被致命疾病所蹂躏的时候，我不能休息。

（2005 年 3 月，曼德拉在开普敦举行的第二场 46664 艾滋病救济音乐会上的发言）

坚定的自由斗士

纳尔逊·曼德拉1990年6月在美国巡游期间，曾经飞往迈阿密，在工会大会上发言。当时的情势非常紧张，反卡斯特罗的古巴人公然抨击曼德拉是恐怖分子，提出抗议。反恐特警组也做出了行动，他们身穿防弹衣，手拿自动武器，一架小型飞机在头顶上盘旋，上面挂着一条抨击非国大的标语。

曼德拉在接受采访时说，他认为，批评者们因为他和古巴之间的交情就对他口诛笔伐，这完全不合情理。他解释说："在我们无法靠近美国政府的时候，是菲德尔·卡斯特罗给我们提供了支持。我们为什么要谴责古巴？"

曼德拉一走进大厅，很多黑人女代表就活跃了起来，我去找她们聊，她们七嘴八舌地说："我们爱他！现在那么多的领导人都背叛了我们，而他始终都是个立场坚定的领袖。"

在南非，"中坚领袖"这个术语跟"坚定分子"意思是互通的，都指历经数年忠贞不渝的领导，都会赢得大家的尊敬和爱戴。

2012年7月18日，曼德拉生日那天，国民教育、健康和联合工会用这个术语号召其成员拥护曼德拉的主张："我们这位解放运动的中坚领袖从来没有背叛过为自由而战的事业，面对危险从来没有动摇过。他牺牲了自己的人生和生活，为被压迫者和弱者寻求正义……我们的领导者面临的挑战就是确保自己一定要向曼德拉、向那些把为人民服务放在个人利益和家庭利益之上的人学习。我们必须加强反腐斗争，曼德拉和那些为了被压迫者而鞠躬尽瘁、不求回报的中坚分子为我们树立了精神典范，我们必须把这种精神发扬光大。”

曼德拉之所以得到这样的盛赞是因为他总是引导人们去关注他的集体，而不是他个人。国会发言人马克思·西苏鲁在印度发表的纳尔逊·曼德拉演讲中曾说道：“（他）从来没有试图将自己放在他人之上。他是我们组织的代表，他的观点都经过了组织的推敲，他的梦想和渴望都跟战友们共享过，这其中包括：沃尔特·西苏鲁、加尔文·姆贝基、艾哈迈德·卡特拉达、尤瑟夫·达多以及很多其他人。他每次的发言都是代表着所有的这些人。”

最了解曼德拉性格的当属艾哈迈德·卡特拉达那些人，后者在非国大就曾经跟曼德拉一起合作，后来又一起进了监狱。

卡特拉达告诉我：“我第一次见到他是在 1945 年或者 1946 年。可以这么说，监狱会让人显露出最美好的一面，也会让人暴露出最坏的一面，对人们来说，监狱是真实的考验。监狱里发生的那些事，那些摆在你眼前的诱惑，怎么说呢？刚开始，我们到罗本岛监狱的时候，曼德拉说：‘老同志，咱们现在可不是领袖了，不能再运筹帷幄、发号施令了。咱们的领导人在国外呢。’第一年，组织的领导人是卢图里酋长。他去世后，塔博·姆贝基和其他人接任。他说：‘那些人才是我们的领袖，我们只是这里的普通囚犯。没有什么特殊待遇。’其实，他没必要跟我们说这些的，可是他说了，而且也做到了。监狱里也存在种族隔离，印度人和有色人种在一边，非洲人在另一边。最典型的例子是，10 年来，非洲人一直都没有面包吃，可是我们有。囚服也是这样：发给他们的是短裤，发给我们的是长裤。曼德拉可以享受跟我们一样的待遇，可是他拒绝了。我在说到我们的领导时指的是一个整体。当时我们要挖地铲土，非常辛苦。过了不久，我们就适应了。监狱豁免了曼德拉的苦役，可是他拒绝了这种特殊待遇。1977 年，在被关押了 13 年之后，他得到了获释的机会，只要他肯去特兰凯斯就可以出狱，但他拒绝了。1985 年，我们所有人都得到了获释的机会，只要我们答应他们提出的条件就可以出狱。我们连想都没想，就告诉曼德拉，让他写封信告诉他们，我们不接受他们的获释条件。”

听到有人曾经怀疑曼德拉究竟是不是个坚定的领袖，是不是中坚分子，他很不耐烦地说：“他们根本不懂。你瞧，很不幸，现在越来越多的人这么想，特别是那些愚昧无知的人。他们以为，当时革命迫在眉睫，即便不去谈判，也能摆平。可是他们忘了，南非的军队在整个非洲是最强大的。毫不夸张地说，他们可以横扫整个非洲，如入无人之境，因为那个时候已经解放了的非洲国家本来就没几个，所以非洲没有哪支军队比得上南非军队。曼德拉时间掐得非常准，否则肯定会出现很多流血事件。但是，这些人都不懂。他们不知道白色右翼是什么，不知道他们正在策划什么。白色右翼不是像新纳粹（AWB）的特雷布兰奇那样的狂热分子，而是领导着南非军队的将军们。他们再也不能打败我们了。我是说，当时我们就要胜利了。所有的一切都在朝着对我们有利的方向发展。南非人民越来越有政治觉悟。国际社会越来越孤立种族隔离政府，所以，当时的一切对我们都很有利，但是有一点我们要时刻牢记：我们必须把敌人逼上谈判桌。这就是非国大的政策。”

抗“艾”先锋

人们为曼德拉是否是一名成功的谈判者、一位成功的总统而争论不休。但是，有一点无可争辩，那就是他自发的意愿，只要他认为什么是对的，就一定会勇敢地去做。比如，当时，以曼德拉的继任者、前副总统姆贝基为代表的很多人都认为不应该把与艾滋病做斗争当作重点来抓，而应该把重点放在“贫穷病”上，曼德拉在这种情况下对艾滋病激进主义者给予支持和赞同，这需要莫大的勇气。曼德拉在南非和国际大会发言的时候把艾滋病重新定位为主要人权问题，他说：“我们越是缺乏采取行动的勇气，越是不愿意采取行动，就越将我们的兄弟姐妹和子孙后代推向死亡。等到我们这个时代被写进历史的时候，我们是会被当作对全球性危机漠然置之的一代人，还是会被认为是尽了自己的力，做了应当做的事？”

基金会的HIV/AIDS项目经理伊莱恩·麦凯说，曼德拉非常勇敢，敢于承认自己以前在这一问题上犯了错：

> 曼德拉先生作为前总统，是我所认识的领袖当中唯一能够非常爽快地说“对不起”的人，他说自己在任的那些年太关注国家建设了，对HIV和艾滋病不够重视。后来纳尔逊·曼德拉基金会成立的时候，他非常清楚，基金会重点工作之一就是弥补他在任期间应当做而没有做的事。HIV成为他最重要的工作之一。

基金会很快就因为在艾滋病上耗费了太多时间而遭到批评，说他们把曼德拉变成了一个抗艾滋病积极分子。麦凯解释说：“艾滋病触动了他的心，他因此失去了一个孩子。所以对他来说，这跟政治无关，跟做正确的事有关。这就是在跟纳尔逊·曼德拉一起工作的时候让我感到万分鼓舞的原因。他站出来说：‘我的儿子死了，他死于艾滋病。’他没有隐瞒，他说：‘如果你们把这种疾病用三个字母加以避讳，那就是去创造术语贬低这种疾病的严重性。我已经失去了一个孩子。决不会再让这种对疾病的沉默害死我们的人民。’他打破了沉默。优秀领袖就是这样的：以天下事为己任，将想法付诸行动。他的这种正直诚实现在无人能及。”

南非艾滋病“治疗行动运动”的积极分子查克·埃克迈特宣布，他打算停止用药，因为药太贵了，贫穷的南非人买不起。曼德拉知道后，打电话给他，请求他继续用药，被他拒绝了。不过他们后来见了面，曼德拉对他和他的运动给予了很高的评价。于是，这个饱受争议的积极分子和这位广受尊重的领袖成了朋友。曼德拉后来称他为“民族英雄”。有一次，曼德拉得知塔博·姆贝基拒绝接埃克迈特的电话后，他居然不顾礼节，亲自到姆贝基家去劝说。

曼德拉后来请比尔·克林顿去跟制药公司交涉，把艾滋病药物的价格降了下来，让更多的人能买得起。有些事本来不是曼德拉的责任，他完全可以不去做，但他却当仁不让，而且坚持不懈，伊莱恩·麦凯对他这样的品质非常钦佩。“有时候我们会被嘲笑。有的人对我说：‘你把曼德拉先生囚禁起来了，他的囚犯编号是46664，他没有被捆在总统的职位上，你们却把他捆在了抗艾滋病积极分子的身份上。’我们确实受到了这样的指责。但是我们有他的授权。在我们遭到批评的时候，有他做挡箭牌。所以说，他非常忠实于自己的原则立场，支持我们迈出的每一步。即使在我们面对政治问题的时候，也一如既往地站在我们身后。”

在曼德拉为失去儿子而万分悲痛时，伊莱恩前去安慰他。我问伊莱恩当时是什么样的情形。

“我和曼德拉基金会的一名同事一起去他家安慰他。我们坐在他家餐厅的桌子旁边，我不知道该说什么，说‘我很难过’？说我们也不想白发人送黑发人？曼德拉说起自己无法参加另一个孩子葬礼的事，当时他被关在罗本岛，不被允许离开监狱。说到这些，曼德拉问道：‘为什么我没有早一点知道？我还可以做些什么？我们的国家应该怎么做更好？得不到治疗的人们还面临着哪些困难？’对他来说，没有人应该死于艾滋病。儿子的去世让他更真切地感觉到这点。那种哀痛的场面让人十分不忍，但他最关心的却是：‘我们应该怎么做？我们怎样才能阻止其他人遭遇这样的不幸？'"

伊莱恩感慨说："那种情景太感人了。因为你所认识的纳尔逊·曼德拉能让你胳膊上的汗毛都竖起来。他是那种可以凭借体型和说话的声音让人心生畏惧的人。然而，他也有这么柔和、这么温和的一面。这也是他留给我们的形象。"

1990年，南非，约翰内斯堡：曼德拉出狱后在第一国家银行体育场举行了一次集会。

Terrorist

He helped push a nonviolent movement into armed struggle. Was he a terrorist?

被 CIA 出卖的“恐怖分子”

曼德拉是圣人还是恐怖分子？直到今天仍备受争议。他曾被列在美国的恐怖分子名单上，直到他获释出狱 18 年后、总统任期即将结束时为止。他甚至在 1963 年遭美国 CIA 出卖，致使非国大“最高指挥部”被警察一网打尽……

解放组织和恐怖主义组织之间有什么区别？答案很简单，那就是观念。以非国大为例，在和种族主义作斗争的漫长岁月里，在非洲统一组织（OAU）眼中他们是一个解放组织，而南非种族主义少数党政府却将他们称为恐怖分子。关于“基地”组织到底是什么组织，你可以随便从华盛顿找一个人问问，再从利雅得随便找一个人问问，肯定会发现他们在观念上同样存在着这样的分歧。

（2004 年，南非国际关系研究院）

撒切尔：非国大是恐怖组织！

并不是所有人都喜欢纳尔逊·曼德拉，数年来，很多右翼分子和种族隔离制的维护者诋毁他、憎恨他，说他是恐怖分子，个别政治家曾公开表明这种观点。

> “这种英雄崇拜搞错了对象。”英国下院议员约翰·卡莱尔 1990 年面对英国广播公司播放的“自由的纳尔逊·曼德拉”音乐会的镜头如是说。
>
> “非国大是个典型的恐怖组织……如果有人认为它会在南非执政，那简直就是痴人说梦。”英国前首相玛格丽特·撒切尔 1987 年称。
>
> “首相还要容忍这个恐怖分子扇自己多久的耳光？”20 世纪 80 年代中期英国下院议员特里·迪克斯说。
>
> “纳尔逊·曼德拉应该拉出去枪毙。”20 世纪 80 年代中期英国下院议员特迪·泰勒说。

按照南非压制共产主义法令的条款，根据利沃尼亚审判的定罪结果，曼德拉被判犯有蓄意破坏罪，而非国大则被贴上了恐怖主义组织的标签。

以下是曼德拉面临的指控：

1. 根据《南非压制共产主义法》第44条（1950年），指控被告犯下一项旨在进一步实现共产主义目标的罪行；

2. 一项违反《南非刑法》（1953年）关于禁止任何人以有组织地蔑视法律和国家为目的，征募或接受任何钱或物的法规；

3. 两项蓄意破坏罪，为下列行为交付或资助或设法取得佣金：

① 在南非共和国国内和国外征募人员，在以下方面对所征募人员加以指导和训练：

★ 准备、生产和使用爆炸物，以对南非共和国实施暴力和破坏罪行（准备、生产爆炸物，根据所提交的物证，其中包括210 000枚手榴弹、48 000枚杀伤性地雷、1 500个计时装置、144吨硝酸铵、21.6吨铝粉和1吨黑火药）。

★ 作战技术，包括在南非共和国内进行游击战和有目的的军事训练。

② 进一步实施暴力和破坏行为（包括1961～1963年实施的193桩恐怖主义罪行）。

③ 在南非共和国开展游击战。

④ 在涉及南非共和国的事务上对别国军队提供协助。

⑤ 在南非共和国参与暴力革命，该被告曾伤害、损害、破坏、废损、击毁、阻碍或危及：

★ 公共健康和安全；

★ 法律与秩序的维护；

★ 光、电和燃料的供给和配给；

★ 邮政、电话和电报设施；

★ 陆地交通的自由活动；

★ 国家和他人的财产，包括动产和不动产 *。

* 信息来源：《国家和纳尔逊 · 曼德拉等人》，南非最高法院德兰士瓦省高院 1963 ~ 1964 年的起诉书。

值得注意的是，后来跟他一起工作的人并不认为他们自己是恐怖分子，他们觉得自己是在为解放奋斗。

非国大被取缔后发生了内部斗争，激进分子们重新把自己定位成地下组织。曼德拉提出组建一个新的地下组织，就是后来的“民族之矛”。在 1986 年出版的《种族隔离的反叛者们》(*Apartheid's Rebels*)中，曾经与美国国务院合作过的斯蒂芬 ·M. 戴维斯解释说：“M 计划的目的是要让非国大脱离政治组织容易受制于政府压力的特性。曼德拉希望在基层建立一个不显眼但是很稳固的基本活动网。”

非国大资深人士马克 · 马哈拉杰曾经是罗本岛的囚犯，后来成了政府部长和发言人，他回忆道：“那可一点都不容易，也并不总是那么顺利。我们都是非专业人员，我们像新生婴儿那样，去学习怎么做亡命者，所以也犯了很多错。我们太信任自己的同伴了。我们想当然地认为，就算你被抓捕，被严刑拷打，也都能挺过去。凯西（卡特拉达的昵称）可能也参与过共产党纪律的制订，共产党纪律规定，如果有同志被捕，且被施以酷刑，必须咬紧牙关，不能变节。在当代酷刑的折磨下，这种纪律很难长久执行下去。但这是个策略问题，我觉得还有很多改进的空间，我从来没见过哪种斗争从一开始就有非常完善的策略，一直坚持（到底）的。策略总是需要不断改变……”

“我们不能因为遭到批评就对自己全盘否定。所有的革命都有这个问题。当菲德尔 · 卡斯特罗被问道，如果让他重新再来一次，他是否还会对蒙卡达兵营发动袭击，他回答说：‘不会。’不过他接着说：‘可是在当时应当那么做。’”

“最高指挥部”遭遇暗算

在南非，武装斗争因天真幼稚和缺乏安全保证而遭到暗算。“最高指挥部”在立里斯里夫农场开会，此农场就在约翰内斯堡郊区利沃尼亚，当时共产党在那里活动，现在它已经成了博物馆。他们就是在那里运筹帷幄，甚至为实施破坏行动装配武器。1963 年 7 月 11 日，警察在那里发起突袭，把非国大的高层领导人一网打尽，并在利沃尼亚审判中提起诉讼。曼德拉当时没有跟其他人一起被捕，但是他当时也在场，后来也成为被告。

在利沃尼亚审判中被判蓄意破坏罪的被告之一丹尼斯·戈德堡在他的《使命》（*The Mission*）一书中透露，就连能够看到旧档案的非国大政府情报部门都不知道或者不肯说到底是哪里出了纰漏。他写道：“直到今天，我们都不知道警察是怎么找到我们的。我们只知道当时外国间谍非常活跃，因为现在大家都知道是美国中央情报局（CIA）出卖了曼德拉，他们以此为条件，交换了一名他们被抓捕的南非特工。”

在国外，曼德拉的支持者拒绝给曼德拉扣上恐怖分子的帽子，但是诽谤者就不一样了。伦敦《独立报》报道：“前外交部长杰弗里·豪爵士在他的自传《忠诚的冲突》（*Conflict of Loyalty*）中写道，即使到了 1987 年 10 月，在温哥华英联邦政府首脑会议后召开的记者招待会上，撒切尔夫人还是毫不犹豫地说，非国大就是个‘典型的恐怖主义组织’。杰弗里痛心地表示：‘专制主义当道。’”

几年后，英国广播公司报道称，艾哈迈德·卡特拉达陪同撒切尔到罗本岛参观时，撒切尔说她认为自己的介入挽救了他那些同志们的生命，这让卡特拉达非常吃惊。他说：“她告诉我，她在我们的审判中起了积极作用。我们本来会被判处死刑。我们非常清楚，国内外各界人士对政府施加了重重压力，包括那些不一定赞同非国大政策、却不希望那些被告成为革命烈士的人们。当时，撒切尔夫人是哈罗德·麦克米伦政府国会的领袖议员。我不在乎她是首相还是什么。我没有理由怀疑她的话，听说她出手相救，我很高兴。”

南非作家艾伦·佩顿出庭作证的时候说，如果这些被告被执行死刑，南非政府还能跟谁谈判？在法官做出裁定的前一天夜里，乔治·比佐斯跟帕顿一起在英国总领事莱斯利·明福德的家里。明福德也在英国情报机关，他告诉他们，法官说过，开怀畅饮一夜之后，就不会判死刑了。后来，南非前白人政府的经济学家桑培·特雷布兰奇说，英国大使罗宾·伦威克曾秘密向政府施压，要求释放曼德拉和其他非国大囚犯。

即使如此，曼德拉的名字数年来都在美国的恐怖分子名单上，直到他获释出狱 18 年后，总统任期都快结束时为止。2008 年 7 月 1 日，美国全国广播公司报道称：

> 今天早晨，布什总统签署了一个议案，批准国务卿赖斯解除对曼德拉总统和其他非国大成员的旅游限制。该议案由民主党参议员约翰·凯里、谢尔顿·怀特豪斯和共和党参议员鲍勃·考克共同发起。
>
> 这几位参议员说，曼德拉和非国大成员“因其数十年前的反南非种族隔离政府活动”而被列入恐怖主义名单。他们还在书面报告中称，将他们从名单上删除可以“消除促进美国和南非关系发展的一个令人尴尬的障碍”。

美国将非国大从监视名单上删除时，《新纽约》专栏作家尼古拉斯·克里斯托弗发表评论称：

> 有时候，美国政府官员过于沉醉于反恐职责，甚至是完

> 全沉迷其中。简单地说就是为之发狂。
>
> 关塔那摩监狱、酷刑备忘录事件、入侵伊拉克都与此有关。我们做了那么多荒诞不经的事，其中最荒唐的当属以保护美国安全的名义，将曼德拉的名字列入恐怖分子监视名单。曼德拉作为和平调解的象征，南非的前总统，以及一位90岁高龄的英雄，我们到底认为他能做什么？套上自杀背心？

至今有些人仍不甘心，比如在2012年召开的保守派政治行动会议上的提案。《琼斯妈妈》（*Mother Jones*）杂志对其中一个提案者进行了报道：

> 正如“右翼观察”所说，2月份大会上有一个提案者是西方文化青年联盟，这个团体名副其实，致力于防止西方文化在多元文化政策的手中“灭绝”。
>
> 除了别的角色之外，这个团体还扮演着南非白人特权的积极捍卫者，其网站博客上最近发的一个帖子就指控南非的执政党非国大对南非白人实施“种族灭绝”，还把责任推到受人尊崇的前总统纳尔逊·曼德拉头上。

所以说，在反恐斗争年代，关于谁是恐怖分子、什么是恐怖分子这一问题，大家众说纷纭，莫衷一是。不仅是过去，直到今天都还在争论不休，就算曼德拉成为全球偶像都没能改变这个现实。

2011 年 6 月 21 日，拍摄于曼德拉家中。图为南非前总统纳尔逊·曼德拉与美国总统夫人米歇尔·奥巴马。

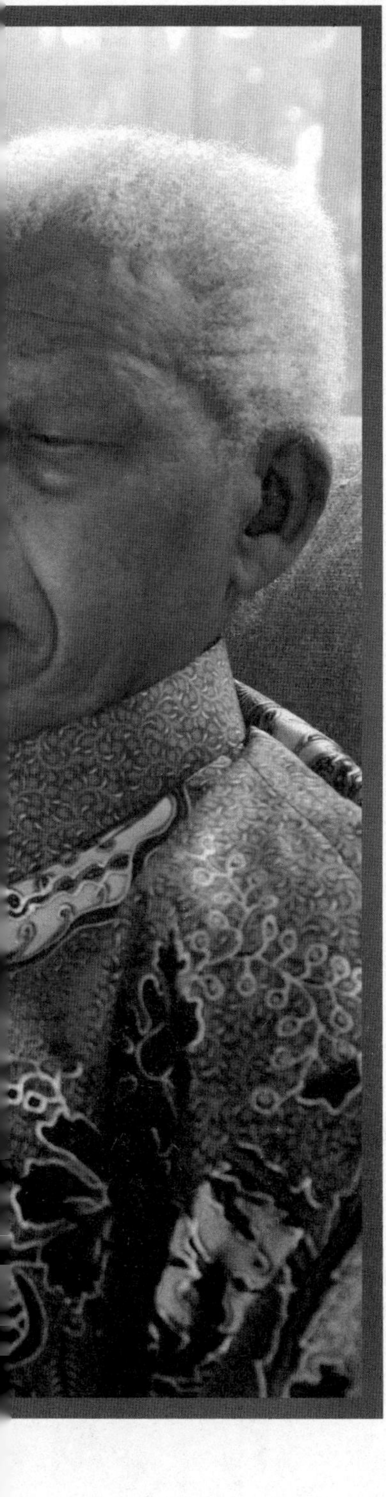

Unknown

There are many sides to Mandela that many do not know.

不为人知的多面人生

曼德拉私下述说自己的矛盾之处，骄傲与谦卑，易怒与温和，虚荣与朴实……不为人知的是，他是一名舞台演员，而在现实中的演出最精彩。人们对他的所有印象，竟然是他自己打造的神话……

领导者命中注定要遭到误解，因为历史学家、学者、作家和记者往往根据他们自己的主观原则来思考伟大的生命。

（纳尔逊·曼德拉）

骄傲的谦逊者

人们对曼德拉所知越多，就越难分辨在不同角色背后哪个才是真实的他。

曼德拉说起他第一次在伊斯梅尔·米尔（据说在鲁斯嫁给乔伊之前，他也是鲁斯的恋人之一）的租房里邂逅乔·斯洛沃和鲁斯·福斯特的情景，写道："我们在那里学习，有的时候还跳舞，一直闹到第二天凌晨，那个地方堪称年轻自由斗士们的总部。"

我喜欢曼德拉这样的叙述，字里行间都充满了活力，这些热爱生活、为自由而奋斗的人们通宵达旦地和战友一起学习、跳舞，他们把快乐和奋斗如此完美地结合在一起。

鲁斯在说起她对曼德拉的第一印象时说："帅气、骄傲、高贵，容易动怒，颇为敏感，甚至有点儿自大。不过，当然了，他表现得非常谦逊。"

曼德拉的密友乔·斯洛沃在说起第一次见到曼德拉的情景时回忆道，曼德拉对"自己的黑色肤色"很在意。

那他的敌人呢？他们当时是如何看待曼德拉的？南非情报机构负责人之一尼尔·巴纳德在参加美国公共广播公司（PBS）的《前线》节目时说道：

我们越来越意识到，唯一的解决办法就是跟这个国家的真正领导者进行谈判。

从情报工作的角度去看历史，去看曼德拉先生发展的全部历程……显然，他必须在其中扮演关键角色……早在1982～1983年我就这么说……我跟时任总理的博塔展开讨论，坚持认为我们必须找到一个协商解决的办法。我们必须想办法走出国内冲突日益严重的困境……

我可以非常坦白地说，我们……有全球最棒的情报评估能力。别搞错，不管他老人家（指曼德拉）在书中说到我们对非国大内部事务的了解时是怎么写的，都改变不了我们对非国大内部一举一动都了如指掌的事实，我们知道领导层都有谁，我们了解每个领导人的品格，也知道暗中左右决策的权力中心、掌握实权的是什么……

根据我们的评估，毫无疑问，当时品性卓越的人是曼德拉……他是代表人物，在整个过程中始终不渝，不屈不挠，成为罗本岛的领袖，推动解放进程向前发展。马克·马哈拉杰和那些从罗本岛获释的人……他们对曼德拉先生领导能力的信赖，从情报工作的角度看……通过对各方面事实的真实评估，曼德拉先生绝对是最重要的领导人。

然而，巴纳德和他的团队对曼德拉那种矛盾重重的性格感到非常困惑："曼德拉先生属于那种很奇怪的人……在公众人物中，他显然不是大家眼中最有魅力的。

我甚至可以说，他颇有点儿沉闷。但是，他却有种奇特的魅力，人们乐意倾听他的演讲……所以，从情报人员的角度看，毫无疑问，他就是真正的领导者。如果你找不到跟他和解的办法，那就什么办法都没有了。"

“麻烦制造者”

直到现在，我们都还在探索曼德拉这个人。他还有许多不为人知的地方，或者为人所知但不为人所理解的地方。他出生时的本名叫“罗利赫拉赫拉”，本义是“惹麻烦的人”。

按照惯例，到英语学校上学的非洲人都要取个英文名字，老师用英国的殖民英雄纳尔逊勋爵的名字给他取名“纳尔逊”。他的朋友后来简称他为“纳尔”或“纳里”。

“塔塔”在科萨语中是“父亲”的意思，很多南非人都尊称曼德拉为“塔塔”，以表达对曼德拉的衷心爱戴。在很多人眼里，他就是一位老慈父，所以他们不论自己年龄大小，都这么叫他。

曼德拉还常常被称为“胡卢”(Khulu)，“胡卢”意为伟大、至高无上和崇高。用这个词称呼他就相当于称他为“伟人”。这个词也来自科萨语，是“尤巴沃姆胡卢”(Ubawomkhulu)一词的缩写，意即“祖父”。

曼德拉 16 岁时被叫做“达利布洪加”(Dalibhunga)，当时他刚参加过成年礼，即科萨传统成人仪式。这个词的意思是“委员会的创建者”或“对话会议召集人”。如果要用这个名字跟曼德拉打招呼，你应该这么说：“啊哈！达利布洪加。”

当然，曼德拉的家人对他也有很多亲昵的称呼。他的孙子孙女用各种表达“祖父”的词来称呼他。他的妻子格拉萨·马谢尔喜欢叫他“爸爸”。非国大的积极分子们常常用“他老人家”来指代他。

曼德拉在日常生活中过着同样宁静的生活，他是约翰内斯堡国际俱乐部的秘书，负责主持俱乐部的多元文化晚会。剑桥大学的伊莱克·博埃默说：“曼德拉跟很多约翰内斯堡的团队头目关系好到可以直呼其名，他跟他们说当地的土话，即一种由南非荷兰语、祖鲁语、芝加哥英语拼凑而成的语言，被称为‘塔尔语’。”

形象表演者

曼德拉曾经在一部戏剧中扮演亚伯拉罕·林肯，那是一部在监狱制作的戏剧，根据索福克勒斯的悲剧故事《安提戈涅》改编而成，他在戏剧中扮演克瑞翁。然而，他在现实生活中的表演比他在舞台上还更精彩，绝对称得上专业演员。

曼德拉在狱中常看的书籍包括《莎士比亚全集》(*The Complete Works of William Shakespeare*)，1977 年 12 月 16 日，他在《尤利乌斯·恺撒》(*Julius Caesar*) 的一段话上划了下划线："懦夫在未死之前已身历多次死亡的恐惧，而勇士一生只经历一次。在我听过的所有奇闻怪事中，人们对死亡的恐惧是最奇怪的，因为死亡本来就是必然的结局，它要来的时候就一定会来。"

或许还是伊莱克·博埃默总结得最好，她在书中将曼德拉描述成舞台演员，不过他在现实生活中的演出最出彩，"作为一位多种形象的表演者和塑造者"，他创造出了自己的人物形象。

她写道："他的表演要素就是具有非凡的自我认知能力，他从一开始就非常明白姿态的效力，不管是在公众面前还是在私底下，都懂得适时塑造相应的形象；他知道要怎么做，他的人生才会被非洲人当作追求上进和取得政治成功的楷模。"她说曼德拉身上有一种"非常精明的能力，能够打造出自己的神话"。

法蒂玛·米尔在她的《希望之上》一书中提到曼德拉"花花公子时代"时，曾援引他自己的话，当时他加入了"非洲的上流社会，穿着黑色西装、打着领带去跳交际舞"。"我们跳狐步舞和华尔兹，一跳就是几个钟头，每个人轮流引舞、跟舞。"曼德拉回忆道。

然而，最能让他充分展示才华的领域却是被禁止的，曼德拉不得不屈从于这样的耻辱，而他也完全战胜了这种耻辱。这才是曼德拉最不为人知的一面。

20 世纪 50 年代的经典画面，镜头前的曼德拉衣冠楚楚，梳着独特的发型，露出他招牌式的笑容。走在他旁边的是共产党总书记摩西·考塔尼，摄于 1958 年比勒陀利亚法院门口，当时他们的上诉被驳回了。（尤尔根·沙德伯格摄）

Voices raised up in Song

The power of music and praise poetry in the Mandela story, seen through the eyes of two of his favorite artists.

音乐中飞扬的抗争精神

多年前，摇滚歌手黄家驹一曲《光辉岁月》让无数中国年轻人热血沸腾，歌谣主角正是远在南非的曼德拉。与曼德拉相关的流行歌曲还有南非的《当您归来时》，英国的《释放曼德拉》……如此动听的歌曲背后，到底有怎样的美丽故事？

可否不分肤色的界线，愿这土地里不分你我高低，缤纷色彩显出的美丽，是因它没有分开每种色彩。

（Beyond 乐队《光辉岁月》）

在音乐领域，曼德拉喜欢电子音乐，他在童年时代和入狱前的成年时期接触的是传统音乐，音乐触动了他内心最柔软的地方。在后来的岁月中，他在台上的舞步曾经触动无数人的心灵，这些步伐仿佛舞出了他内心深处感受到的喜悦，他正是将整个生命投身于，或者说是奉献给了争取自由的斗争。正是在他的指引下，争取自由的斗争之路才能坚持走这么远。

乌斯·迈拉斯勒依旧生活在比勒陀利亚城外的马摩洛迪。他在11岁时写了一首诗，这首诗后来被改编成一首流行歌曲。乌斯被广泛视为一名民歌手、世界行吟诗人和社会活动家。1992年，他发行了首张专辑的主打歌《当您归来时》，这首歌立刻成为反种族隔离运动的主题曲，乌斯在不久后也成为该运动的代言人。

> 这是座无名的坟墓，
> 他为维护自身权利而献身，
> 他的意愿如此强烈，他如此热爱音乐。
> 他那悲伤的旋律传来，仿佛林火中升起的烟雾。
> 他放声歌唱，
> 马伊布耶，非洲！现在歌唱吧，非洲！
> 放声歌唱，向着人民歌唱！

乌斯解释道："一切都是从 1976 年前后开始的。《当您归来时》是我写的一首诗，我将它献给那些离开这个国家，投身到反对种族隔离运动中去的人们。这首诗也是生命的庆典，它表达了离开这个国家的人们内心的恐惧，也许还表达了他们对回家的渴望。当他们回到家中，是否还能找到各自的家庭，这个国家又将怎样？他们是否还能找得到工作？"

在南非足球世界杯比赛和全球电视转播中，乌斯的歌声使观众们无比振奋。

> 这是座无名的坟墓，
> 他为了坚持理想而献出生命，
> 他的意愿如此强烈，他如此热爱音乐。
> 他那悲伤的旋律传来，仿佛林火中升起的烟雾。
> 放声歌唱，向着人民歌唱！
> 让他们给予世界些什么，而不仅是从世界中索取。

乌斯告诉我他在创作这一诗篇时的感受。他说："你知道，我们不能只从世界索取，也应该回报世界一些东西。我们应该可以从我们的祖辈，以及曼德拉、图图大主教和甘地等人那里学到许多东西，正是他们教会我们'宽恕中蕴藏着深刻的智慧'。但是，我喜爱这些领袖更重要的原因是他们彰显了力量。他们用行动告诉我们，当我们的领袖拥有这种力量时，他们是如何以更积极的方式运用它的。"

佐拉尼·玛奇瓦是一位诗人、传统艺术家，他是为曼德拉唱诵的赞美歌手（赞美歌唱，Ukubonga，科萨文化中备受推崇的一种艺术形式。——译者注），也是电影《曼德拉：漫漫自由路》中的一名演员。

佐拉尼告诉我，曼德拉对他来说意味着什么："即使在曼德拉的面容不允许被公开的时候，我脑海中仍然有曼德拉的形象，而且是一幅印象尤为深刻的画面。你所能想象的画面才是你能拥有的最伟大的肖像，它赐予你力量，帮助你找到最强而有力的词汇，而这些词汇正是用来形容只能在你的想象中出现的情景。所以，这就是‘想象的力量’。但是，当你设想一个人为自己的人民做出如此大的牺牲，甚至准备在需要的时候献出生命，我们就会在脑海中营造出关于他本人的某种气场。因此，当我还在读中学时，就为纳尔逊·曼德拉唱诵赞美歌曲了。当有人描述、界定并告知他的相关情况时，我会非常关注。对我来说，回归的弥赛亚就意味着释放纳尔逊·曼德拉，意味着他回来领导我们。”

曼德拉在见到佐拉尼之后，请他陪同自己进行巡回讲演。佐拉尼为他进行开场表演。曼德拉对他印象深刻，并邀请他在 1994 年 5 月 10 日他的就职典礼上再度进行表演。

“站在 1994 年 5 月 10 日曼德拉就职典礼的舞台中央，是我所能想象的最令人生畏的事情。前一天晚上，我几乎无法入睡，一直在背诵并准备表演的事情。虽然紧张，但并没出现什么状况。以前，我很少会紧张，既不会挠自己的头，也不会撞破下巴。你给我一个麦克风，我就可以进城演出了。但那天晚上我是如此紧张，根本无法入睡。我一直在想：‘我该说什么？这个仪式会是什么样的？’”

佐拉尼继续说：“这是我第一次有这种紧张感，这是我们即将感受、触及、见证自由的时刻，是纳尔逊·曼德拉即将掌权的时刻。我该说些什么？做些什么呢？我告诉自己，我将从基本的事情做起，告诉全世界纳尔逊·曼德拉是谁！我基本上就是在说，这就是曼德拉，这就是曼德拉，他是‘大地之子’。他的嘴唇并没有涂满香膏，但他讲述真理；他没有猫一样的眼睛，却可以看到宇宙的真实色彩；他没有狗一样的鼻子，却可以嗅出人间百味；他也没有驴一样的耳朵，却可以听出什么是合理的声音，什么是一派胡言。他就是‘大地之子’，是我们的弟兄！”

我说道："我当时就在人群之中，看到非洲人听到你的吟诵时热泪盈眶，尽管曼德拉和姆贝基在微笑。这正显示了艺术的力量、诗歌的力量。如果按你的话来说，那就是你所释放的力量。"

佐拉尼希望《曼德拉：漫漫自由路》这部电影能产生同样的效果。

"这部电影发挥了一向缺失的教导作用。因为我们看的电影多数是进口的，尽管国家电视台努力地向人民传达真实信息，但这其中还是会存在一个巨大的落差。《曼德拉：漫漫自由路》让我们得以保证我们以特定的视角，通过电影教育我们的年轻人，让他们熟知我们国家的历史。这部电影是我们实现这一目标的机会。我们再也无法忍受南非的年轻人对自己国家的历史完全漠视、一无所知。如果我们不能让年轻人知道历史，南非将有可能重蹈某些危险事件的覆辙。"

2003 年 7 月 2 日，南非约翰内斯堡，总统曼德拉出席一座以他的名字命名的大桥开通仪式。当日还举行半程马拉松赛，同时庆祝曼德拉 85 岁生日。

Waiting

Millions waited years for Mandela's release after twenty-seven and a half years of incarceration. The wait continued, even on the day he left prison.

别了，我的牢狱时光

谁释放了曼德拉？当南非白人总统德克勒克自觉居功至伟的时候，世界人民面带讥诮。以一人之身，得中、英、美、法四大国强烈支持，令全世界的人帮他"越狱"，如此盛举，除曼德拉以外，还有谁能做到？

让所有人得享正义，让所有人得享和平，让所有人得享工作、面包、水、盐分。让每个人都明白，每个人的身体、思想和灵魂都获得了解放，从属于自己。这片美丽的土地永远、永远、永远再不会经历人对人的压迫，以及遭全球唾弃的屈辱。

（纳尔逊·曼德拉）

海外重压

人们将罗本岛上最高等级的守备监狱称之为“那个岛”。当曼德拉及其同志们首次到达“那个岛”时，有人告诉他们，只有死人才能离开那里。不久之后，曼德拉的妻子温妮发现，罗本岛的探视机会少得可怜，探视过程还会受到严密的监控。

就连“残酷”这样的词汇都无法形容生活在那里有多可怕。想一想 10 年没有过热水，你就有个大概的了解了。尽管曼德拉努力搞好他与看守之间的关系，但这样的境况还是无法改变。身陷囹圄的囚犯们，只能漫长地等待着自由的那天。

直到 1982 年，曼德拉离开罗本岛前往波尔斯穆尔监狱之后，他才得以与政府展开谈判，而且这种谈判开始时还是在暗中进行的。事实上，曼德拉与种族隔离政府之间并没有进行过实质性的谈判，双方的接触只是在彼此试探。

当南非的经济跌入低谷，各地持续发生暴动的时候，海外压力骤然增加了。南非政府领导层意识到必须有所改变。保守派的里根总统和撒切尔夫人曾将非国大定为恐怖组织，但如今他们的态度改变了，并且向南非的领导人施加压力。坚冰开始融化。

德克勒克声称开始时他并没有意识到秘密会谈的意义，但不久之后情况发生了改变。“直到我在 1990 年 2 月 2 日发表演讲之前的整整一年里，我都没有意识到幕后发生了什么。1989 年 2 月 2 日，我被选为领导人。当时的总统博塔并没有作为总统辞职，而是作为国民党领导人辞职。从那一刻开始，我就开始得到简报，被选为执政党领袖的我在某种程度上成了新总统。虽然当时的我并非正式总统，但那却让我有足够的时间去做好当总统的准备，让我获益匪浅。在成为总统之前，我已经得出结论：幕后进行的临时性谈判是有价值的。南非当时需要通过谈判来找到解决方案，但不释放纳尔逊·曼德拉和其他政治犯，就无法取得谈判的成功。”

那时，对于南非即将发生重大变革的报道不时传出，一连串的坊间流言、新闻头条铺天盖地，引起了人们热切的期待。到了 20 世纪 80 年代末，这种期待似乎即将结束。但德克勒克告诉我，和他的前任一样，他同样十分担忧来自共产主义的“真正威胁”。就在那时，苏联开始爆发“自由”浪潮。

德克勒克说：“正如预料中一般，根本性的变革开始爆发。如果柏林墙没有被推倒，我将无法公开实施我在 1990 年 2 月 2 日公布的计划。苏联的解体给我们创造了一个千载难逢的机会。似乎在一瞬间，政府不用再担心共产主义会在南非扩张的威胁了，南非共产党的声望一落千丈。这在很大程度上让我可以放心采取必要的行动。”

我曾对南非商人兼前工会领袖西里尔·拉马弗萨说，德克勒克曾经认为他的政党可以“继续当政 10 ～ 15 年”，拉马弗萨却摇了摇头，脸上的表情仿佛在说，如果德克勒克真这么想，那他就疯了。

德克勒克的批评者表示，尽管德克勒克认为他及他的同事在释放曼德拉这件事上居功至伟，但实际上他们却是迫于压力才这么做的。当时，南非受到的海外经济制裁压力不断升级。银行家兼社会活动家特里·克劳福德·布朗向我解释说，他曾和图图大主教一起工作，目睹了德克勒克及其同党受到的挤压，“他们陷入了困境。1989 年德克勒克当选后的最初几周是我们所经历过的最血腥的时期，正是在那段时期里爆发了由大主教领导的和平示威运动。德克勒克一定以为‘曼德拉热’只是昙花一现，他可以暂时去除种族隔离主义中最具攻击性的部分，扶植一个傀儡上台，待时机成熟后再恢复种族隔离”。

1990 年 2 月 2 日国会开幕之际，德克勒克粉墨登场。他宣布非国大和其他受禁的团体和政党将被解禁，曼德拉和其他政治犯将重获自由，但他并没有宣布具体释放日期。

出狱倒计时

等候仍在继续。

激进主义者成立了曼德拉释放委员会，并计划迎接他出狱。《邮政卫报》的记者皮帕·格林被邀请参加一个秘密会议，他报道了随后发生的事情。“特雷弗·曼纽尔从监狱署署长约翰·威敏斯将军那里得到了消息，杜拉·奥马尔和布拉尼·恩格库卡也得到了消息。他们将消息传递给萨基·马科佐马，后者是一位年轻的南非教会理事会积极分子，当时正在西开普省访问。他们是否能在下午 2 点 30 分到达国会的开普敦办事处？”

特雷弗·曼纽尔的等候就要结束了。他告诉我：“我是联合民主阵线（UDF）代表团的成员，代表团在 2 月 9 日星期五见到了曼德拉。星期六早上，我接到德克勒克办公室打来的电话，让我赶到他们那里。我们被告知曼德拉将在 2 月 11 日释放。我们在他获释的头一天晚上去看了他。当时的曼德拉显得很冷静，仿佛一切都在他的掌控之中。”

在《勇者曼德拉自传》一书中，曼德拉如此描述那个意义重大的日子：“在无数琐碎事情的缠绕之下，那个本应意义重大的时刻却显得有些稀疏平常。”

曼德拉回忆道：“获释的当天，我仅仅睡了几个小时就醒了……

我迅速完成了每天的必备工作：锻炼、洗漱和吃早餐。随后，我给非国大和联合解放阵线驻开普敦的几个人打了电话。然后，我就回到了小屋作获释的准备，并撰写演讲稿。”

他也作好了迎接温妮和蜂拥而来的访客的准备，温妮将会从约翰内斯堡飞过来。他“离开”监狱的时间是2月11日下午3点。

曼德拉等候的日子正迅速走向终点。

罗伯·尼克森这样写道：“在2月11日的倒计时期间，‘等候曼德拉’似乎成了一个目标，还被强化为整个南非的当务之急。全国的黑人和白人都以自己独特的方式，通过黎明、诞生、世界末日和历史文化的革命性救赎等隐喻在文化作品中描述这一事件。”

当曼德拉作好了迎接生命中最重大事件的准备时，非国大的高层在哪里呢？姆贝基睡眼惺忪地解释了令他无法出席这个重要时刻的原因：“我们知道曼德拉即将被释放，因为我们一直在和政府代表进行谈判。一切都在计划之中。我们知道此事，并作好了安排。我们在南非政府中的发言人曾表示，他们会给我打电话，告诉我确切的释放时间，我们甚至为此制定了通讯暗号。但当时的我必须前往伦敦，所以我告诉我太太，有人可能会打电话来告知我这些事情……我把通讯暗号告诉了她，但并没有解释它的意义。我只说：‘如果你得到了这样的信息，请立刻转给身在伦敦的我。’”

姆贝基接着说：“她在卢萨卡得到了信息，随后将信息转达给我在英国的一位朋友，后者并不理解其中的意思，那个通讯暗号就是‘明天会下雨’。但因为这消息可能听起来不那么紧急，因此我太太是在三四天后才将信息传递出去的。而得知信息的时候，离曼德拉被释放仅剩几个小时了。我们原本有几天来作准备的，但中间却出现了通讯故障。政府的代表们履行了他们的诺言，在约定日期释放曼德拉。但我们这方却没有作好准备。”

2月11日当天早上，曼德拉出现在维克多·维尔斯特监狱广场时，前劳工党领袖乔伊·奈杜是最早抵达该地的人之一。他说：“当我们走进去曼德拉的房间时，就看到他就在那。他热情洋溢地向我们道：‘哦！同志们！你们好吗？快进来，快进来！’”

奈杜接着说：“你知道吗？是他在迎接我们。我是有这样的期望，其实我并不知道自己在期待什么。因为我们见到他最后的一张照片是张拳击手的照片，一名结实的拳击手。而这位态度优雅、面目威严、身材修长的男人向我们走来，他伸出手来和我们握手，并且说‘欢迎你！’你知道吗？我们意外极了。他是刻意让我们感受到宾至如归的。”

曼德拉说：“你们想喝杯咖啡吗？或是茶？过来坐下吧！”

“但紧接着他又说，‘不，在你们坐下之前，让我带你们参观一下我的房间’。然后，他就带着我们挨个房间参观他的住处。他告诉我们麦克风在哪里，他在哪里午饭，在哪里吃早餐。这是一次奇妙的相聚，那感觉就像是……我从来没见过我的祖父，但我总在想，如果我能见到我的祖父，那就应该像那天早晨与曼德拉相见一般。一起喝茶，畅所欲言。”

“我们并没有谈到释放或者类似事情。最初的一小时里，我们只是在聊一些生活上的琐事。那就是我与他的第一次接触。”当全世界都在等候曼德拉时，曼德拉也在等候他迟到的妻子。奈杜随后被派到机场接温妮，他回忆说，温妮不久后的举动差点为这次出狱引起轩然大波。

“就曼德拉应该在哪里发表出狱后的第一次演讲这个话题，大家进行了激烈的辩论，这一辩论持续了数小时。温妮认为曼德拉最先应该在约翰内斯堡而不是开普敦发表演讲，因为前者是政治斗争的核心地带。”

“但曼德拉什么都没说，他只是四下走动，确保在场的人有点心吃，有热茶喝。马上就要到他公开出狱的时间了，全世界都在等待他走出来，而我们却在这里喝热茶、吃点心。这真是不可思议！”

图图大主教听到了激烈的辩论，有些惊慌失措。他担心如果曼德拉不在市中心的游行活动中露面，人们会捣毁开普敦，因为他们已经在那等了好几个小时了。他致电曼德拉的律师杜拉·奥马尔，向他施压，要求曼德拉遵守既定行程。

曼德拉随即解决了这个问题，他说："好的，现在我已经听到各方的意见了，让我说一下我的想法。我已经在开普敦度过了 27 年，我认为这里应该是我发表演讲的第一站。因为长久以来，这里就是我的家。"

这番话终止了激烈的辩论。

温妮和曼德拉手牵着手一起走出来，漫长的等候终于结束。

回来！非洲！

皮帕·格林在《邮政卫报》中报道了随后发生的事情，解释了为什么曼德拉迟迟才抵达开普敦，当时曼德拉的支持者们已经在炎炎烈日下等候多时了。

> 温妮……拒绝同联合民族阵线的墨菲·莫罗贝搭乘同一班飞机，因为他曾在运动中反抗过她。
>
> 因此，他们租了两架飞机，而不是一架，而且是螺旋桨飞机，而非喷气机。于是，约翰内斯堡的一干人等坐上了"全球飞得最慢的飞机"，花了 4 个小时才到达开普敦，而不是预计中的 2 个小时。

当他们到达的时候，在开普敦的人群已经等候了数个小时。躁动不安的年轻人已经与警方发生冲突，并开始抢劫。格林如此报道：

> 现在已经过了下午3点，曼德拉却依然还没有到场。如潮的人群中弥漫着愤怒的声音，这是德克勒克迷惑被压迫群众的诡计。

下午4点15分，纳尔逊·曼德拉终于走出维克多·维尔斯特监狱，比预计的时间晚了1小时零15分钟。而此时距离他首次在彼得马里茨堡外的路障处被逮捕，已经过了整整27年。

一份报纸事后报道称，曼德拉的支持者们在下午5点20分如潮般“涌入”开普敦，当他乘坐的汽车在城市中穿行而过之时，拥挤的人群疯狂地紧随其后，不时敲打着车窗，声音此起彼伏。妇女们聚在一处，推推搡搡的，迫切地希望见到自己的领袖。

他们喜极而泣。拥挤的人群使得车队的速度慢得如步行一般，曼德拉和妻子温妮一起坐在后座里，望着车窗外被挤得几近疯狂的面孔。他泰然自若，笔直地抬高拳头，向人群敬礼。

当车子被人群围起来时，曼德拉非常淡定，但他的司机却惊慌失措。警方曾告诉过司机，要驶离这个区域，将车开到开普敦近郊的罗德布什西区。他们在一所房子外面停下来，又等了一段时间，才与他们的领袖泰维尔·曼纽尔、西里尔·拉马弗萨、威利·穆萨和盖伊·纳杜重新联系上。后者全都慌了神，因为他们把曼德拉“丢了”。

格林继续写道：

> 一位女士从电视上得知曼德拉被释放的消息，当她往门外望去，竟然震惊地发现，刚刚在电视里看到的那个从监狱里走出来的男人，此刻就在她的门外……

大约在晚上6点，市政厅的一名交警示意曼纽尔：“有人想在对讲机里和他讲话。”要讲话的人是警方安全部门的一个上校，曼纽尔曾多次被拘留，所以认识他。上校说道："泰维尔，你必须去把曼德拉带回来。如果你不把他带到这里，整个城市都会被烧毁，会有成千上万的人被杀。快去把他带回来！"

当曼纽尔一群人找到曼德拉时，后者正脱了鞋子与本地一名激进分子在喝茶，此时他们所在的地方是罗德布什的东区。

格林继续说道："后来，他们从后门进入市政厅，美国的民权领袖杰西·杰克森也在那里等候着。他本来将车停在大楼前面，但有人为了看得更清楚而爬上了他的车顶，车顶已经被踩烂了。当时他说，'曼德拉还没有获得自由，因为他并没有获得投票权'。"

1990 年 2 月 11 日曼德拉获得自由。

黄昏时刻，曼德拉已经作好向躁动不安的人群发表演讲的准备，这时又出现了新的状况。他突然发现自己把眼镜落在监狱里了。幸运的是，温妮有眼镜，曼德拉戴上试了试，效果还不错，于是他开始朗读演讲稿。这份演讲稿由数人合作撰写，其中用了许多类似"力量""回来！非洲！”等词汇。曼德拉抑扬顿挫的演讲，不仅激励了他面前的人群，也激励了全球数千万人。

> 今天，我站在你们面前。我并不是一名先知，而是人民谦卑的仆人。是你们无休止的英勇牺牲，才让我今天得以站在你们面前。因此，我将把自己的余生交给你们。
>
> ……今天，大多数南非人，无论黑人还是白人，都已认识到种族隔离制度绝无前途。为了确保和平与安全，我们必须依靠自己的声势浩大的决定性行动，来结束这种制度。我国各个团体和我国人民的大规模反抗运动和其他行动，终将导致、也只能导致民主制度的确立。
>
> ……最后，我想回顾一下我在1964年受审时说过的话。这些话在当时和现在都一样千真万确。我说过：我为反对白人统治而斗争，也为反对黑人统治而斗争；我珍视民主和自由社会的理想，在这个社会中，人人和睦相处，机会均等。我希望为这个理想而生，并希望实现这个理想。但是如果需要，我也准备为这个理想而死。

他的一些支持者事后批评这次演讲有过多的民粹主义色彩，并没有为指明运动的方针计划。据安东尼·桑普森说，撒切尔夫人、德克勒克和当时的南非政府官员都对演讲表示“失望”，因为曼德拉拉开了自己与非国大、武装斗争之间的距离。

这次演讲中出现大量拥挤的人群，场面一度陷入混乱，但因此受伤的人并不多，因而堪称奇迹。曼德拉在市政厅大楼外的一个小舞台上发表演讲，他对着麦克风尽可能大声地讲话，这表示他并不晓得麦克风可以将声音放大，因为这种技术是他身陷囹圄之后才发展起来的，曼德拉对此一无所知。“他对着麦克风里大声说话，”罗玛弗萨微笑着对我说，“我不得不坚持将麦克风从他嘴边拿开。”

对于曼德拉的兴奋，皮帕·格林描述得还要更好。“在连续 48 小时里曼纽尔都没有睡过觉。集会之后已是凌晨，他终于得以瘫倒在床上。但到凌晨 4 点的时候，他又被曼德拉打来的电话声吵醒了，后者问他：‘泰维尔，我的体重测量仪掉到哪里去了？’”

这是怎样一个故事啊！我们真可以将此视为格言警句，“拥有足够耐心的人，才能等到奇迹的发生”。

EYCO
welcomes
ANDELA

1990 年，南非，索韦托：曼德拉获释后，欢庆的民众。

X Factor

The role of external pressure in winning South African' s liberation and the need, even now, for rebirth away from the old ways.

新南非的神秘武器

自由之路从来不平坦。如雪花般涌来的口头谴责、经济制裁阻止不了种族主义者的反扑，他们势要用刺刀试一试曼德拉的面子有多大。然而，古巴义军的突然介入让南非军队丢盔弃甲，曼德拉不费一枪一弹赢得了种族战争的最终胜利……

我们不能滥用国家主权的概念，当统治者为了捍卫暴政而以国家名义屠杀人民的时候，非洲大陆上其他国家有权利也有责任进行干预。

（1998 年 6 月对非洲统一组织发表的演讲）

斗争全球化

在《曼德拉传》中，安东尼·桑普森引用了多个历史事件为例，反复强调，全球范围的压力是推翻种族隔离制度、支持南非反种族隔离斗争的未知因素和神秘武器。

在南非存在一种狭隘主义，它诞生于非洲大陆南端，也许正是由于常年的封闭让生活在那里的白人感觉他们是远离尘嚣的一个部族。非洲的白种人和其他部族一样拥有部落狭隘主义，这是由他们的文化和语言传承所决定的。南非种族隔离政府的发言人们在自己营造的虚幻泡沫中生存，这些泡沫则受到他们的历史、荷兰归正教会和种族主义的影响。与其他民族的特有文化一样，南非的白人与外界的接触极为有限。

尽管许多南非人认为南非的历史是他们自己创造的，但其实南非从来就不是苏格兰诗人约翰·东尼所说的“一个只靠自己的孤岛”，其他国家和地区的决策总会对南非的历史构成影响。

南非曾有过殖民主义，也曾有过帝国主义。这里被荷兰人、英国人入侵过，爆发过英布战争（Anglo-Boer War，英国同荷兰移民后裔布尔人建立的两个共和国—德兰斯瓦尔共和国和奥兰治共和国为争夺南非领土和资源而进行的一场战争。又称南非战争、布尔战争。英布战争是帝国主义时代到来的一个主要历史标志。——译者注）。这里有矿业公司，也有过无数次血腥冲突。从外来侵略者第一天统治这片土地开始，这种冲突就持续不断。你可以说，现在不是我们回顾往日痛苦的时间，除非那些痛苦还没有消逝，仍然蕴藏在新的痛苦当中。

当非国大进入武装斗争阶段后，组织的一些领导人迫于压力逃离南非，他们开启了被称为“外部任务”的运动。

最初，这些活动的基地设在伦敦，后转到位于坦桑尼亚达累斯萨拉姆市的一条街上。这条街是以非洲独立之父克瓦米·恩克鲁玛的名字来命名的。活动由曼德拉的律师事务所合伙人奥利弗·坦博负责，后者夜以继日地工作，指挥运动并制造宣传攻势。

摩西·穆拉是曼德拉的一位同志，他是在坦桑尼亚加入非国大的。他告诉我，在好长一段时间里，坦博为了《南非发展报告》的出版夜以继日地工作，经常会睡在地上。

苏·罗宾原来是一名英国的激进分子，她后来投身于非国大在赞比亚和莫桑比克的地下斗争工作。她说道：“我们设立了宣传单位。当前最重要的任务就是建立基本的组织框架，而且还是秘密的。我们必须确保每个人都能听到非国大的声音，让他们知道非国大代表着谁的利益。所以，我们的宣传机构制作了盒式磁带。我们将这些磁带带入南非，分给出租车司机。这样南非的乘客就会听到‘这里是非国大之声……’当他们听到这些声音的时候，我们就要说明我们在做什么，代表谁的利益！这样，我们就能保持非国大的运动生生不息。我们的部分地下斗争运动也因得到军事支持而升级。每个人都有一个代号，我的孩子们曾说这些代号很酷……不过我没有代号。你知道，非国大里并没有多少白人，所以用代号的意义不大。”

外部任务就是为那些被捕入狱的领导人或被监视的国内运动工作人员服务。在那些日子里，非国大将招募的人送往社会主义国家，用他们的话来说，他们的这些举动是为了寻找资金、武装训练的支持。

毫无意外，美国的中情局也在监视东方国家为非国大提供的支持，同时也在监视非国大的行为。1963 年 6 月，《纽约时报》报道称，“据称是中情局的线报才导致曼德拉被捕”。该文章引用了一位未透露名字的中情局官员的话语，他宣称“我们已经将曼德拉移交南非安全部门，我们把每个细节都透露给他们，比如曼德拉将会穿什么衣服，将会出现在那里”。

美联社在第二天跟进报道，时任中情局高级行动人员的保罗・艾克被点了名，他宣称逮捕曼德拉是“我们最伟大的行动之一”。

东德公开表示支持南非的自由运动，但该国本身却并不自由。它将种族隔离视为法西斯主义的复活，它在教育非国大的流亡者、支持非国大的媒体宣传以及印刷宣传杂志等方面给予了很多帮助。流亡该国的南非共产党感到宾至如归，艾哈迈德・卡特拉达曾前往东德参加世界青年大会，并强调他的非种族主义和国际主义主张，他后来与曼德拉一起被捕入狱。

1963 年，英国首相哈罗德・麦克米兰发表的著名演讲“变幻之风”席卷南非。在这种令人兴奋的余波之中，与曼德拉过从甚密的共产党员乔・索洛前往东柏林出席一次共产党政治局会议。席间，一位同志问他需要多久才能推翻种族隔离制度。

索洛是一位令人生畏的律师，其口才出众。他在安全警察找到之前逃离了南非。他身为记者和激进分子的妻子罗斯・菲斯特，则带着孩子们在伦敦与他会合。

现在，索洛在东柏林这个冷战的中心地带向当地官员发表演讲。他分析了各种不同的“力量和因素”，也提及南非黑人的愤怒和决心，最后，他得出结论：“6 个月。”

近 30 年以后，柏林墙已被推倒。他再次回到柏林参加德国民主共和党的最后一次会议。在索洛汇报了他的政治报告之后，坐在会议室后面的一位老人举起了手。

索洛在回到约翰内斯堡之后，微笑着向我讲述了那个故事：“一位白发老人向我挥了挥手，说道：‘索洛同志，我不知道你是否还记得我，但上次你在这儿的时候，我问过你一个问题——推翻种族隔离制度需要多长时间。你现在怎么看这个问题？’”

穿着标志性红色短袜的索洛后来跟我说，当时他看了那位老人一眼，回忆起当年自己的猜测是多么的乐观。随后，他补充道：“是的，同志！我的确记得你的问题。我想此刻我的答案和当年一样：6 个月。我不认为有理由改变当年的猜测。”

这一次，他答对了。

多年来，在前苏联和中国对非国大表示支持的同时，也有来自其他一些小国的支持，这些国家帮助重组了非国大的军队——“民族之矛”。其中一个就是越南。20 世纪 70 年代末期，在北越打败了美国及其南越盟友之后，非国大的一个“代表团”前往河内，与具有传奇色彩的武元甲将军会面。当时越南刚刚取得解放战争的胜利，它向非国大提供了重要的军事战略指导与支持，并建议重新组织地下武装力量。非国大发表了被他们称为“绿皮书”的报告，上面描述了从越南学习到的各种经验教训。

非国大在西方还有许多朋友，瑞典可能是其中最慷慨、提供最多支持的国家了。由于瑞典首相奥洛夫·帕尔梅支持非国大，因此当他在 1986 年遇刺身亡时，立刻有人怀疑是南非种族隔离政府的刺客所为。一名瑞典记者在 2013 年写道：“奥洛夫·帕尔梅遇刺案从未了结，它堪比臭名昭著的肯尼迪遇刺案，有 130 人声称为该案件负责，超过 1.2 万人被起诉，凶器有近 450 种可能。”

安哥拉上空燃战火

20 世纪 70 年代，非国大的外部任务组织和南非种族隔离政府起了冲突。在索维托起义之后，出现另一种力量，尽管它缺乏组织性，但却异常强大，那就是全球反种族隔离运动！

多年来，龙尼·卡斯利尔斯一直是武装斗争的指挥官，他后来接连成为曼德拉、姆贝基政府的情报部部长。20 世纪 60 年代，他在伦敦参与组织抗议活动，而我当时也在该市读书。他与非国大一起将当地的激进分子和后来的游击队带入南非，他称之为“国际主义”。

他对我说：“我们从西班牙内战中的‘国际纵队’就能看到这种形式。它实际是一种国际性志愿活动，50 多个国家的进步人士组成了‘国际纵队’，共同帮助西班牙共和国军反抗佛朗哥的独裁统治。他们来自英国、法国、德国，还有你的祖国美国，还有来自非洲和其他国家。所有人都相信，当需要为正义而战时，无论斗争发生在哪里，有良知的人们都应该站出来，发出呼声并给予支持。正因如此，我们看到在越南战争中，美国本土的反战运动，以及世界各地人民都支持越南人民反侵略、反美帝国主义。”

他继续说道：“反种族隔离运动就是一个世界性运动的经典范例，在这场运动中，全球人民的团结一致在瓦解种族隔离制度的过程中发挥了重要作用。”5 年里，卡斯利尔斯曾参与了一项特殊行动：将在英国的学生们悄然带入南非，指导他们通过地下斗争来支持非国大。1967 年，当时还是学生的我也加入了“民族之矛”的地下组织并来到了南非。现在我们这些人被称之为“伦敦招募者”。

卡斯利尔斯提醒我说：“这并不仅仅是抗议、游行、抵制、制裁，这就是那本刚刚出版的书《伦敦招募》（*London Recruits*），里面讲了我在伦敦巧遇的一些人，比如一个来自美国的小伙子，一对分别来自希腊和法国的年轻夫妻，还有许多年轻的工会成员和工人阶级代表。这些人里还有年轻的共产党员，各种社会活动积极分子和拥有自由思想的人们，我们请求他们将物资走私进入南非，并作好准备完成任务。总有这样的人们，展现出这般慷慨的精神，为了正义的事业从来不怕直面危险。”

当学生们、年轻工人和激进分子在进行反种族隔离斗争的时候，南非种族隔离政府也在寻求盟友的支持。政府陷入了一起“信息”丑闻，其支持种族隔离运动的立场被刊登在全球各大主流报纸，还被植入电影里。除此之外，种族隔离政府还从以色列购买武器，并与或者合作核项目，似乎是在为暴力镇压反种族隔离运动作准备。

在 1960 年 3 月 21 日的沙佩维尔发生种族大屠杀之后，南非的经济受到很大影响。在那次大屠杀中，在南非黑人聚居城镇沙佩维尔举行的一次反种族隔离游行中，警方枪杀了数十人，许多西方国家的公司，尤其是美国的企业注入了大量的资金以稳定当地局面。人们认为南非的外部投资收益颇丰。

不久之后，世界性的反种族隔离斗争开始在新闻媒体和街头巷尾展开了，南非种族隔离政府的代表启动了他们的“外部运动”，联系友好的精英人士，取得其支持。同时，他们武装了在莫桑比克和安哥拉的右翼游击队，并轰炸了在赞比亚和津巴布韦的非国大办事处。这场反种族隔离斗争蔓延到其他的国家，后者当时被称之为“前线国家”。1986 年，作为美国广播公司新闻的制片人，我在录制美国黑人民权领袖杰西·杰克逊的南非之行时，亲眼看到了反种族隔离斗争造成的破坏。

那就是他们的“外部任务”。

古巴直接介入

第三方武装力量随即加入了冲突，古巴的志愿军被派到安哥拉对抗南非政府及其代表的右翼武装。菲德尔·卡斯特罗将他们的介入行为称赞为“无产阶级的国际主义”援助。

在奎托—宽纳威尔城发生的冲突将斗争引向高潮。装备精良训练有素的古巴军队，在安哥拉军队的支持下，阻止了南非政府武装的前进。僵持之后，双方举行了谈判，古巴与南非的部队同时从安哥拉撤军。不久后，在联合国的支持下，纳米比亚共和国脱离南非统治获得独立，这也为种族隔离制度的废除奠定了基础。

正是外部力量的介入才导致如此大的转变。这也许正是在 1994 年曼德拉的就职典礼上，卡斯特罗获得的欢呼声远比其他国家领导人多的原因。

曼德拉在获释后不久，便离开南非前往赞比亚的卢萨卡参加非国大的会议。此举意义非凡，在那里曼德拉被提名担任奥利弗·坦博的副总统。从赞比亚开始，他开启了非洲国家的访问之旅，并在 1990 年 6 月访问了美国的 8 个城市。在那为期 11 天的胜利之旅中，曼德拉在横跨美国多地的大型体育场举办和参加了各种集会与音乐会，我把曼德拉的这些行程都反映在了电影《曼德拉在美国》（*Mandela in America*）里。

表面上，曼德拉此行是为了“感谢”国外的支持者，但实际上却是为了即将到来的选举筹集政治资金。非国大的领袖们吸引了大量的支持者，但他们的融资机制缺乏经验，能从美国以及其他筹集到多少资金仍是未知数。曼德拉从某些独裁者及反民主的独裁主义国家筹集资金的行为，在日后也许会招致批评。但如果他真的这么做了，那也是迫于大公司捐助者仍然持观望态度所致。

不过，曼德拉和其他运动领袖意识到，他们之所以能够成功，不仅仅是因为城镇起义和“民族之矛”的军事行动，更大的原因在于外部世界的支持，这正是大多数南非白人所不了解的。因为在当时，种族隔离已经成为一次世界性运动，并不只是南非自己的事情。正是世界各国的压力，才最终推动南非废除了种族隔离制度。

罗伯·尼克森曾在美国媒体发表过关于南非的文章，特别是曼德拉对文化和媒体的巨大影响。珍妮·M. 克莱尔在《当代小说研究》中如此评论尼克森对曼德拉的描述：“在尼克森看来，国际对南非文化如此着迷，甚至到了无条件接受其影响的程度，恰好反映了南非反种族隔离斗争的特色：彻底国际化。"

她补充道："尼克森将纳尔逊·曼德拉视为美国媒体的标志性人物，因为他使人们意识到铺天盖地的传媒政治与模棱两可的真实政治之间的差距不断拉大。在尼克森的描述中，美国媒体总是不遗余力地弱化曼德拉的激进政治，将其转化成马丁·路德·金式温和的政治主张，而非黑人民权运动领导马尔科姆式的激进主义。此描述恰恰是另一个颇具说服力的例证，说明美国文化传媒拒绝将参与政治的领导人视为任何政治剧的表演者，而只是片面地加以评判。"

太精彩了！

曼德拉带着虚弱的身子支持关注艾滋病的集会。

Youth

Youth made the revolution, and Mandela began as a youth leader.

沦为危险国度?

没有了种族压迫的新南非，却没有长成为曼德拉想象中的天堂。大部分后种族时代出生的“自由人”，丧失了奋斗目标，不关心政治与历史，整日与暴力、毒品、酗酒为伍，肆意享受着压迫过后的放纵……如今已被困在十字路口的新南非，该如何才能走出光明未来?

研究历史的目的不是为了嘲笑人类的行为，也不是为了悲伤或仇恨，而是为了理解，然后在思考未来时从中学习。

(纳尔逊·曼德拉)

毒品、犯罪、艾滋泛滥

在南非,后种族隔离时代出生的孩子被称之为“生而自由”的人,他们中有些人非常了解前面那段历史,而其他人则完全没印象。

《根》杂志是这样报道的:“弗兰克·齐卡尼认为,这个正在逐渐成熟的民主国家所面临的‘最大挑战’,就是如何对待这些‘生而自由’的人。”

《喷气在线》补充道:“在不需要争取政治自由、言论自由和民主平等的时代,人们有时候会说,‘今天的年轻人’更关心电视节目、服装打扮和社会地位,而不是如何获得他们的权利。确实,有许多‘生而自由’的年轻人接触的东西比他们的兄长要多,比如能上更好的学校,获得更好的教育。比之上一代,他们接触的事物则更多了。”

但这些“生而自由”的人却要面临一种截然不同的挑战:如何与泛滥的犯罪、毒品、酗酒和艾滋病斗争。他们需要有领袖和榜样,需要接受正面积极的影响。因此,今天的领袖、家长、老师、政府官员和所有成年人都有义务指导年轻人,赋予他们一些值得追求的目标,让他们利用好自己身处的这个新世界。

曼德拉曾经详细描述过他的成长历程,他在东开普省度过的童年时光,他的丧父经历,他曾经玩过的曲棍球游戏,他的割礼仪式以及他和校务长的交往。校务长是指派来抚养他的一名官员,他曾尽心尽力地伺候这位教务长，在求学时代开始之前，他曾给校务长熨烫过衣服。

曼德拉出生在一个传统家庭，家里有 13 个孩子。在腾布王朝的等级制度中，有 3 个兄长地位比他高。1927 年曼德拉的父亲去世后，最高酋长琼金塔巴·达林岱波成了他的新监护人。离开出生成长的小村子后，曼德拉来到了约翰内斯堡。

按照曼德拉自传的主笔之一法蒂玛·米尔的说法，曼德拉浑身洋溢着时代的气息，不仅仅是政治方面，20 世纪四五十年代时期的曼德拉深深地沉迷于约翰内斯堡生机勃勃的音乐、艺术氛围中。

然而，他对自己童年的感受在成年后的岁月里一直影响着他，特别是当他和自己的孩子们中断联系之后。某些时候，曼德拉的孩子会心有怨恨，因为他们的父亲成了国父，而不是一名普通的父亲。

《每日邮报》讲述了曼德拉大女儿的故事：

> 也许在他的亲人们看来，世人眼中那个可爱、充满魅力的曼德拉与他们所了解的格格不入，因为他们眼里的曼德拉是个内敛、感情冷漠、重男轻女的男人。不过这也不足为奇。
>
> 曼德拉的健在子女中最年长的是玛卡兹维·曼德拉博士，大家叫她玛琪。她是曼德拉与第一任妻子护士伊夫林·马斯所生。尽管玛琪现在可以和父亲和平相处，但她却称自己在愤怒与被遗弃的情绪中挣扎了许多年，而她 1969 年死于车祸的哥哥桑贝基勒，以及 2005 年死于艾滋病并发症的哥哥马克贾托也有同样的感受。
>
> 在首次接受主流媒体采访的过程中，玛琪曾说："作为一个孩子，在我父亲入狱之前，我渴望双亲都能出现在我的生活里，但实际上，我是由母亲单独抚养长大的。我有父亲，但他并没有在我们身边。"

具有讽刺意味的是，曼德拉首次投身的斗争就是非国大青年联盟的斗争，后来他成了该组织的领袖，并带领它朝着更激进的方向前进。曼德拉曾表示倾听青年运动的声音是“帮助我们了解我们前进的步伐是否过慢或过快”。他发表该言论的时候，我就在他身边。

曼德拉执政后成立了基金会，其主要目标就是服务年轻人，它为孩子们举办研讨会，打击青少年暴力犯罪，并更好地了解年轻一代是如何看待自己和未来的。

曼德拉还设立了一个儿童基金，其主要工作也是曼德拉内心非常关注的：“我们希望让社会看到更多孩子们的笑脸，而不是他们的眼泪……如果我们的社会果真如此，我们的年轻人会更快乐、我们的社区会更安全，我们的政府也更有理由与国民们和谐相处。”

迷惘的新生代

即使他的慈善之举是为了满足和改善孩子们的需求与生活，对他们产生了积极的影响，但许多南非的年轻人对了解过去历史的重要性仍存有矛盾的心理，他们更容易受到由电视媒体催生的美国式流行文化所影响，而不是政治活动。

我曾与电影《曼德拉：漫漫自由路》的资料研究员普米兹·玛纳那交谈过。那时候的她正努力钻研过去，挖掘历史细节，比如罗本岛监狱的犯人们何时开始戴太阳镜。尽管她已经了解了很多内容，但她却觉得同龄人不关心这些事情。

“我觉得人们是知道这些事的，他们只是态度冷漠，甚至已经到了漠不关心的程度。大多数人都有这样的反应：‘了解那段历史又怎样呢？算了吧，现在都过去了！那并不影响我们。那时还没有我们呢！’因此对他们来说，过去那段抗争史毫无意义，因为他们根本不用再去争取什么。所有事情都有先人为他们做好了，这就是目前的状况。这并不是说他们认为那些事情不重要，只是不再对他们有任何影响而已。”

“这真点愤世嫉俗的感觉。”我对普米兹·玛纳那说道。

“就是这么回事！”

“你愤世嫉俗吗？”

“我想我是一个务实的人。你也必须如此，你在问我这样的问题之前，应该先问问我们父母。我的意思是，从白人的一面你可能看到白人的罪恶。可是，如果没有某种制衡因素，白人的罪恶也就不存在了。我想，这种制衡因素就是黑人的仇恨，那也是我们从父母那里继承下来，经过好几代人沉淀而成的。所以，与其独自面对它，倒不如忽视它，假装它根本不存在。当你假装它不存在的时候，你好像就对种族隔离这个话题漠不关心了。‘它已经结束了，还能怎样？’这就是我从我的朋友们那里，也是我们这一代人那里，获得的感受。”

“那么，这部电影的意义何在呢？”我质问道，“为什么要做它呢？为什么它是重要的呢？为什么不干脆把这一切都忘了呢？你看，有很多电视节目都是关于这个主题，为什么我们还需要这么一部电影呢？”

“因为这仍然是我们的历史！不知道历史，你根本无法前进。你必须重视它，历史必须被铭记。你不能只是知道有这么个人，知道他是重要的。你必须了解并深入挖掘历史，然后才能让一切过去，并继续前进。我认为这部电影作为将我们国家团结在一起的途径是很重要的。我并不是说我们四分五裂，也许稍微有些分裂，因为确实存在某些小团体。但这部电影就像一条纽带一样，把我们所有人联系在一起。”

2003 年 5 月 21 日，南非约翰内斯堡，曼德拉在约翰内斯堡接见了来访的英格兰国家足球队，并同英格兰队长贝克汉姆进行了亲切交谈。曼德拉在会见这位全球偶像级球星时也没有忘记本国正在准备申办 2010 年世界杯足球赛，他在接见中要求贝克汉姆支持南非的申办。

Zuid Afrika to .za

As it becomes clearer that enormous challenges remain, the country evolves from the Zuid-Afrika of Dutch origin to its Internet domain .za—and beyond.

后曼德拉时代

近年来，随着健康的不断恶化，曼德拉的家族也屡屡爆出财产纷争丑闻，妻女甚至将老父告上法庭；而当年为民请命的非国大如今腐败丛生，所谓大选获胜不过是在吃老本。在未来某一天，曼德拉当真倒下了，失去了精神支柱的南非到底该怎么办？

当我们梦想着非洲大陆的复兴并为此而努力的时候，我们仍然意识到，只有把非洲复兴当做发展公正合理的世界新秩序的一部分，使所有前殖民地国家和被边缘化国家都能拥有合法的地位，成为历史的创造者而不是他人的财产，非洲的复兴才能取得成功。

（纳尔逊 · 曼德拉）

推翻个人崇拜

与曼德拉共事过的人都说，曼德拉一直鼓励他们说出自己的看法，并在必要时以批判性的眼光去审视自己的观点。曼德拉本人也经常作自我批评。我曾经引用过曼德拉和其他人的言论，来证明他并非圣人或救世主。而曼德拉之所以名扬世界，是因为许许多多的“普通人”和他一起，为了他们所追求的高尚理想作出了巨大牺牲，甚至是献出了生命，那个高尚的理想就是“自由”。

在当今世界，恐怖主义在全球范围内泛滥，屡屡爆发经济危机，这个时代已经很少有事情可以与曼德拉取得的胜利、与他坚持不懈地为南非人民争取更美好未来的炽热情感相提并论了。在当今社会，有多少个领袖能在从监狱里走出来，当选总统，赢得比以往更多尊重和感激之后才卸任？

在一篇针对媒体及曼德拉式救世主的分析文章中，罗伯·尼森这样写道：

> 在身陷囹圄的27年里，曼德拉却声名鹊起，赢得了几乎像救世主一般的声誉。造成这种情况有几个原因：
>
> ★ 他具备惊人的信念；
>
> ★ 他引起了广泛的国际舆论和各方称颂；

★ 他与媒体之间的关系取得罕见的发展；

★ 在南非历史上，关于“救赎性政治”（Redemptive politics，认为政治可以把人类从苦海或罪海中拯救出来。——译者注）的习语和心理学效应具有横扫一切的力量，比如“从束缚中获救”“契约”“被上帝选中的人”“神圣选举”“乐土”“末世论”“千禧年说”和“启示”。

如果这些原因让人们对曼德拉产生了一种救赎的愿景，那么更可贵的就是他为推翻个人崇拜而付出的努力。个人崇拜极有可能导致南非走向独裁，从他被释放的那一刻开始，曼德拉就努力撤去媒体为他营造的救世主光环，并让他自己的声望隶属于非国大之下。因此，我们不仅应该关注曼德拉在争取自由平等方面的努力，也应该考虑到他对民主政治的贡献。

非国大资深人士帕洛·乔丹曾与曼德拉一起工作过，也曾与后者有过争执，甚至还因屡次挑战曼德拉的总统权威而被撤过职。但他仍然觉得曼德拉理应获得人们的尊重，不是因为他那富于传奇色彩的形象，而是因为他为南非人民所做的一切。

他说：“我想，被媒体包围或者被好莱坞神化是名人们的不幸，这种例子比比皆是。”按照南非作家扎克斯·姆达的说法，名人本身是一个问题，“神化”则是另一个问题。在他的著作《有时万事皆空》（*Sometimes there is a Void*）里，姆达尖锐地批评曼德拉，因他曾经称赞其他一些非洲国家的领袖，把他们当成同志，但他们实际上以“侵犯人权”而臭名昭著。

“我想说的是，非洲面临的大部分问题都源于对政治领袖的神化。”他这样写道。“他们为了我们的自由而战，所以一旦他们接管政府，我们就会给他们冠上‘救世主’这样的称号。长此以往，这些人怎么会不染上‘救世主’情结呢？”据说，木塔后来写了一封很长的信件给曼德拉，信中强烈地批评了“政治领袖被神化”的话题，但他没有得到书面回复。不过，让他感到意外的是，曼德拉后来给他打了电话，还安排了一些政府的内阁成员与他一起开会，听他发表意见。曼德拉并没有把这些批评视为对他个人的攻击，而是一种对他所属组织的控诉。

比尔·鲍尔斯曾于20世纪90年代初期在非国大工作，他告诉我，曼德拉总是努力给予反馈，不管批评者是谁。“有一次，我们在约翰内斯堡的非国大总部大楼准备搭乘电梯，曼德拉‘他老人家’走了进来。电梯里有个小伙子立刻就找工作的各种问题对他进行了一连串提问，曼德拉拿出铅笔和笔记本，在询问了这个小伙子的姓名和联系信息后详细地记了下来。然后，曼德拉告诉小伙子会有人联系他的。我相信后来一定有人联系了那个小伙子。曼德拉就是这样的人。”

“我想，曼德拉坚持把自己视为整个运动的一部分，他自己坚信这种做法是正确的。”帕洛·乔丹解释道，“他总是强调他从未单打独斗，他一直是集体的一部分。他坚持表示，‘我所参与作出的决策，我采取的行动，都出自集体的决定’。我想那才是至关重要的。”

泽达·拉·格兰奇曾是曼德拉总统办公室的工作人员之一，他证实曼德拉即使在当选总统之后，仍努力以团体一员的身份来工作。

“他从未独自一人做过决策，也从未向世界显示他是唯一的决策者。哪怕是后勤方面的小事，在做决定之前，他都会征求身边人的意见，并询问自己是否该采取行动。在曼德拉的总统办公室里，决定任何一件事情都会有一个征询意见的过程。”

我问她，和曼德拉一起工作，是否就像置身于较大民主范围内的一种“小民主”？

“是的，我觉得他办公室的民主要比政治民主更好。民主就是他这个人的一部分。”

已故教授兼公共知识分子杰克斯·格威尔曾担任曼德拉的首任

内阁部长，他在约翰·希金斯撰写的文章《活出个性：回顾曼德拉、马克思和我的国家——杰克斯·格威尔访谈》中，表达过自己对曼德拉领导风格的看法。该文发表在《论文十一》杂志中：

> 曼德拉是一位提出认识论问题的领袖。我们都很珍视他，并将他奉为领袖，而他也确实如此。但他本人有一种集体领导的意识，他总是提出个人与集体关系的问题，谈论个人经历和行为如何受集体的影响，以及这种影响应该如何回馈给集体？
>
> 我对曼德拉的印象最深刻的是，当必须做决定的时候，他总能够立足现在、展望未来。他几乎能够从未来的角度，回顾他即将要做的这个决定所产生的影响。

帕洛·乔丹补充道："当然，在那些政治决策中，他可能会担任某种特定的角色，但那些决策都是由集体做出的。我也认为这种'政策并非由总统一人决定，而应该由集体商量作出'应该是我们一贯强调的理念，不仅仅是曼德拉奉行的，同时也应该成为非国大奉行的理念。他从不认为自己是一名永无过失的领导，也从不认为我们必须永远追随他。

"也许这正是他最伟大的美德之一，有人把这一切归功于他在罗本岛上多年的自我反省。但我觉得并非如此，这种美德应该是他与生俱来的，而监禁的岁月则令他把这种美德表现得更为突出。毕竟那给了他足够的时间，可以反省很多事情。

"我想，曼德拉面对的其中一个困难也是我们当中许多人曾面临过的，就是他从监狱走出来，进入国家领导层，而领导层的多数成员年纪与我相当。非国大的从政理念是，总统只是平等者中的首席。但曼德拉实际上并非平等者中的一员，和他一起工作的都是他的后辈，不管是生理上的还是从事自由解放运动上的。

“在国家管理层中，与他年龄最接近的是乔·斯洛沃，其他人则是曼德拉的后一辈。所以，曼德拉并非和自己的同辈人一起，他要领先于所有人。当然，这使情况变得更加复杂。因为许多人都希望受到尊重，并讨论谁最早加入，而不是和大家齐头并进。当然，也有些人坚持‘总统只是平等者中的首席’的老观点。但你知道，这样导致组织内部气氛紧张，因为某些人觉得自己没得到应有的尊重。”

特雷弗·曼纽尔给我们描述了一次曼德拉是如何应对气氛紧张的场景的：“你看，这里有太多事情亟须处理了，但曼德拉会认真思考。他会这样说：‘孩子，我希望你用自己的头脑，而不是用血液进行思考。’他经常这么说，那是因为他不希望我们面临事情时容易激动。但与此相左的是，他也有激情十足的时候。其中一个例子是，他觉得非国大应该建立起某种联邦架构，国家委员会里应该有各个族群的代表。因此他四处游说，并在会议召开前单独给每个人打电话游说，没有手机的，则直接找到我们并努力游说。

“有一次，他希望在会议上通过批准他的这个想法。当时，第一个提出反对意见的是艾哈迈德·卡特拉达，随后我们都进来了，曼德拉拍着桌子，我第一次看到他拍桌子，他似乎在说：‘这是你们的组织，它现在已经支离破碎了，你们将会毁了它。但它是你们的，尽管毁了它吧……’我想自己曾和他如此近距离地生活，终于开始理解他的领袖品质，确实是出类拔萃。”

那些“出类拔萃”的品质将他提升到某种标志性地位，但同时也让他在政治和商业领域中保持开放式对话。

遗产纷争

2013 年初，当曼德拉住进医院时，南非总统祖马封锁了有关曼德拉身体健康状况的消息，甚至连后者的家人都无权得知。作为政府的代表，总统的发言人三次前往医院，探望患有呼吸系统疾病的曼德拉。首次前往医院之后，他对曼德拉病情的描述轻描淡写，但后来又承认病情比想象中更复杂，当曼德拉三度入院治疗时，他的健康状况已显而易见。

2013 年 4 月底，祖马总统和其他官员将南非广播公司（SABC）的摄像机架在曼德拉的家里，随后称之为“独家”报道。但镜头中的曼德拉看上去身体很不适，根本不在状态。祖马总统此举引起了公众的强烈抗议，称他们违背了曼德拉的个人意志，为了政治目的利用他。

在为《邮卫报》撰写的文章中，摩西·玛舍兰尼指出曼德拉的形象被滥用，隐私被侵犯。

> 如果他能从公众生活和政治承诺中退下来，得到休息，那该多好！不幸的是，他的名字还是被拉进各种宣传中，从投机分子鼓吹“曼德拉是我们的！他是我们的偶像！他属于非国大”，到那些几乎与他毫不相关的现实场景，曼德拉被贬得一文不值，沦为政治与商业的噱头。正因如此，当最近非国大领袖雅各布·祖马与曼德拉的合影被公布后，更激起了民愤，称其“利用曼德拉”。

美国全国公共广播电台（ANPR）主持人阿什拉夫·加尔达在南非广播节目（Media@SAfm）中作了如下报道：“对许多南非人来说，媒体对曼德拉近期住院和不良健康状况的报道似乎有点过分。更年长些的南非人则强调，非洲人对待老年人应呵护备至，因为这也许是老人最后一段时间了，记者们应该在这方面具备高度敏感性。”

当话题进一步谈论到曼德拉可能离世时，加尔达继续说道：“有人会说，‘我们不谈论那件事，我们的习俗不允许，黑人文化不允许，非洲文化也不允许。'" 针对这篇报道，2013 年 5 月《纽约时报》提出了其他问题：

曼德拉先生的健康每况愈下，但周围人对他的“遗产”的争夺已经到了白热化程度，包括曼德拉先生的遗产、形象、用他来赚钱的机会，甚至他最后一段时间应该和谁在一起。非国大在曼德拉的领导下走过了几十年，当它被视为“腐败和仅为自身服务的精英组织”时，人们指责它利用曼德拉作为精神支柱，以提醒选民们这个党派具有高尚的根源。非国大的主要竞争对手民主联盟也遭到了攻击。民主联盟使用了一张曼德拉拥抱一位白人政治家海伦·苏兹曼的照片来制作宣传品，引起人们怨声载道，称反对党正利用曼德拉的形象来消除外界对其“白人政党”的猜测。

《卫报》就此作了报道，声称在曼德拉家族内部有关财产的不体面纠纷可以追溯到 2005 年，当时曼德拉表示有一些家族的信托文件在未经他允许的情况下被篡改，当得知女儿企图转移更多财产时，曼德拉颇为震惊。他告诉她们不要干涉他的经济事务。

该报纸引用了曼德拉律师巴利许内提供的一份文件的内容：

当回忆起曼德拉知道事情真相后的表现时，伦纳德说：“曼德拉先生很震惊，并说了一句‘我的天啊！’。”他勃然大怒，希望知道这是什么时候发生的事情。他向我保证他本人没有做过这样的决定，或者批准过这样的事情。

2005 年 4 月，曼德拉在他约翰内斯堡的家里召集了一次会议。曼德拉的两个女儿玛卡兹维、泽娜妮，律师乔治·比佐斯，还有曼德拉的第三任妻子格拉萨·马谢尔出席了会议。“在这次会议期间，曼德拉明确告诉这些人，他不希望他们插手他的经济事务，”许内继续说道，“曼德拉先生希望这些人放弃他们的托管权。”

许内指责与曼德拉不和的律师伊斯梅尔·阿约伯，称他与玛卡兹维、泽娜妮相互勾结。曼德拉对“未经他的授权或允许，却以他的名义出售艺术作品感到不安”。

在他执政期间，令曼德拉失去耐心、心烦意乱的不仅是他的家人，还包括他的工作人员，这些人总是试图中止有关经济政策和其他事情的讨论。前任情报部部长罗尼·卡斯利尔斯告诉我，当政府公布经济增长、就业和经济策略的调整时，非国大的政策制订者们就会被告知这些调整“不容商议”，他们感到非常震惊，而那些政策后来以失败告终。

据曼德拉纪念中心的维恩·哈里斯描述，曼德拉有很强的虚荣心，当那些声名显赫的人用溢美之词拍他马屁，希望为自身利益争取他的青睐或支持时，他就会作出回应。

曼德拉深受维多利亚式的繁文缛节和特权意识所影响，这是他处世之道的关键。所以，对那些一味奉承他的人而言，曼德拉很容易被利用。

梦想幻灭，复兴路漫漫

曼德拉与多数南非人一样，在根深蒂固的宗教和部族文化中成长，他们的文化鼓励尊敬长辈。已故的前内阁秘书长杰克斯·格威尔曾经表示，曼德拉对普通人有很深的亲和力。“他有一种真正的信念，认为人性本善，而这个理论在我们其他人当中一直备受争议。但他以行为证明了这种信念。他并非天真，而是发自内心地相信人性本善。无论人们在政治或其他领域和他有多大分歧，他都一直坚守这种信念。”

1998 年秋，记者兼档案保管员帕德里哥·奥马利在马萨诸塞大学的一次讲座中说道："如果有人想指出'曼德拉时代'最大的失败所在，答案非常简单，那就是非国大低估了他们面临的任务，即任务本身的性质和规模，他们无法兑现曾向人民做出的承诺。最终导致许多黑人对政府感到失望，随着时间的推移，这种失望演变成梦想的幻灭。"

2013 年 7 月《新非洲》杂志的封面故事讲述了曼德拉的传奇人生，文中写道："尽管曼德拉持有社会主义信仰，但他在担任总统期间没有实施过任何国有化政策，因为他担心会吓跑国外投资者。这一决定在某种程度上是受到了 20 世纪 90 年代初苏联东欧集团的瓦解以及中国推行社会主义市场经济的影响。"

许多非国大资深人士都有所顾虑，很少表达自己的想法，担心被视为不忠。已退休的国会发言人弗雷纳·金瓦拉曾经全力投身解放斗争，她若有所思地对我坦诚她的顾虑："首先，我担心的是贫困问题越来越严重。当我看到棚户区时，我忍不住想，'这就是我们为之奋斗的生活吗？难道我们不能做得更好吗？'其次，我还为非国大担忧，我们的价值观到底怎么了？我们迷失方向了吗？我确实有疑问，我想我已经到了可以质疑的年龄。我并没有指责任何人，但我强烈地相信我们需要一个国家的价值体系。"

按照迈克尔·拉斯利神父的说法，也许这正是为什么南非这么多人崇拜"我们最杰出的代表"曼德拉的原因。迈克尔神父曾是非国大流亡海外的牧师，后来种族隔离政府的秘密警察寄给他一个信件炸弹，导致他失去了双臂，如今只有两个假肢。

"每当他住院治疗，整个国家都会深吸一口气，然后呼出一声叹息，以表达深深的忧虑。"迈克尔神父说道，"我们都为他如何领导人民感到骄傲。"

他告诉我，曼德拉对黑人的需求以及白人的恐惧有着独到见解，并深知他们为什么彼此需要。简言之，他通晓国民心理，而不仅仅是政治。

与此同时，有不少作者如政治学者汤姆·洛奇发现，曼德拉经过精心策划，将他个人的“道德资本”作为推进政治改革的工具。在回顾洛奇的作品时，罗伯·斯奇尔这样写道：

> 通过树立典范和刻意迎合广大追随者意愿的政治表演，曼德拉的“道德资本”得到积累。洛奇总结道，曼德拉正是用这种技巧激发了人们关于公民权利的理想，而不是让盲目崇拜流行肆虐。他作为“民主英雄”的地位，无论是在南非，还是在全世界，都是基于他的个人经历在某种程度上已经成为公共历史组成部分这一事实。

在政治领域难免出现紧张局面和矛盾冲突，但是曼德拉深刻意识到“通往自由的道路漫长而艰辛”，也预见到所面临的挑战。困难和危险接踵而至，它们可能会且实际上差点使我们偏离轨道。终其一生，曼德拉对他所信仰的事物和原则作出选择，并承担风险。

在他年轻时，他原本可能被迫接受一桩包办婚姻，然后享有部族领袖的某些特权，在东开普省平淡地生活下去。

他原本是一名非洲民族主义者，如果没有遇到沃尔特·西苏鲁，并在后来加入非国大，他可能会走上另外一条政治路线。或者，他也可能不从政，以一名成功的律师和不关心政治的情场老手的身份度过青年时代，尽管他曾极度渴望家庭的温暖。

当他参与武装斗争，或被秘密警察通缉逮捕时，随时都有可能丧命。他在利沃尼亚审判中提出的法律策略，遭到他的律师们一致反对，那些策略可能适得其反，而他和同志们则可能被置于死地。

在狱中，他可能无法抵抗恶劣的虐待或抑郁症的侵袭。罗本岛有一个不可言说的秘密，那就是有些犯人最后精神崩溃了。从身体方面来说，他很可能死于因糟糕的监狱环境而感染的结核病，而这差点成了现实。

我们后来了解到，在曼德拉的就职典礼上，警方阻止了右翼分子密谋的一项暗杀行动。曼德拉以身涉险，其境况正如南非前总统德克勒克所亲历的一样。1992 年 12 月 19 日，德克勒克开除了 23 名高级官员，因为他认为这些人在密谋针对他，后来这起事件被称为“将军之夜”。他们都曾经历暴力时代。直到今天，对于许多南非人而言世道依旧。

所有这些威胁都没有起到任何作用，但并不意味着曼德拉生活在世外桃源中，因为实际上他的经历丰富得就像活了好几个轮回，从一个放牧的小孩，到学习法律、成为律师、创建律师事务所、加入非国大，成为青年联盟成员。青年联盟推选他担任领袖，将一次非暴力运动转变为一次武装斗争。

每时每刻，他都表现得从容不迫，随时准备以身犯险，尽管风险不会因此而降低，但是无论出现任何状况，他都能逢凶化吉。他曾公开反对腐败：“我很伤心并失望地发现，那些原本想消灭腐败的人，自己最终也变得腐败。”

有几个原因使全世界都应该了解曼德拉生平的细节和复杂性。《曼德拉：漫漫自由路》的制片人相信，这部电影将释放最大的戏剧能量，把全世界的观众与曼德拉的故事联结起来，产生最大的共鸣。

任何一部电影都不可能包罗万象，甚至不应该期望电影能做到这点。这就是为什么拍电影是一种艺术，而不是科学。电影的目的是为了感动观众，使他们为之着迷，使他们充满同情和关怀，更希望他们可以去寻找更多信息。这正是本书和我们的系列纪录片可以为您提供的东西。

在我们写这本书时，曼德拉依旧健在。尽管我们依旧面临巨大的障碍，依旧面对痛苦的政治、经济妥协以及不确定的未来，但是，《曼德拉：漫漫自由路》的故事仍将继续被书写和留存。曼德拉的传记作家安东尼·桑普森如此评论他的传奇经历："人们很容易高估那些在世英雄的重要性，他们往往拥有普世爱戴的魅力，但他们的光芒不久之后就会黯然失色。他的传记与他的神话最终融合在一起，但是使他的故事风靡全球的原因，从根本上讲，是他正直的品质，而不是他被当成超人看待的神话。"

我们曾和一些人探讨未来的挑战。非国大的领袖和前内阁部长帕洛·乔丹表示："正如曼德拉本人在书中所述，他将目光投向他曾经走过的旅程,但是他不敢徘徊滞留,因为这趟'漫漫自由路'尚未结束。当你爬山时，极目远眺，前面还有更多美景。因此，对南非和他本人而言,'漫漫自由路'都仍在继续。它的意义就是为南非创造一种环境，使南非人民能够拥有更加美好的生活。而这正是我们在 1994 年所承诺的目标。"

作家恩加布罗·恩德贝勒说道："在'漫漫自由路'这个词汇刚被创造出来时，我就觉得它的隐喻非常好，它意味着为自由而战的过程不是短期的奋斗。"不，绝不是，从来不是！在这一点上，人们仿佛一致认同。曼德拉为之斗争的事业将继续下去，正如他做出的贡献般世代相传。我们希望，这个男人，这个有时候被称为"大地之子"的男人，能够继续以他的垂范、他的错误和其他一切方式教导我们，让我们知道他曾如何活过。

前政治犯丹尼斯·戈德堡说道："曼德拉自传的最后一页，以某种方式引用了罗伯特·弗罗斯特的诗句（出自著名诗歌《雪夜林畔小驻》。——译者注)：'还要赶多少路才能安眠,还要赶多少路才能安眠。'我们从哪里来？我们要到哪里去？当他被释放出狱时，有人说：'啊，现在你自由了。'他却说道：'不，现在我们自由地享受自由了！'"

梦想与噩梦的距离

2012年7月18日，我在南非开普敦郊外的一所高中里度过了曼德拉的生日。成百上千的高中生（在南非被称为“学习者”）聚集在人山人海的运动场上。他们开始唱起国歌《天佑非洲》（*Nkosi Sikelel iAfrika*），这是一首旋律优美的赞美诗，祈求上帝“保佑非洲”。在自由斗争期间，这是一首禁歌，他们唱歌时必须握紧拳头，举向半空，以示推翻种族隔离制的坚定决心。

那天早上我听到的国歌是曼德拉亲自下令修改过的新版本，这个版本在原来的非洲话里面融入了一段南非白人统治期间的官方国歌《南非的呐喊》（*Die Stem van Suid-Afrika*）和一段英语抒情诗，意在强调南非现在是各民族和各种族人们共同的家园。

新国歌象征着1994年后政府对实现无种族主义和种族和解的承诺。此外，唱歌时也不再举拳头了。

唱完国歌后，孩子们又唱了一首意气风发的《生日快乐歌》。这首歌是史蒂维·旺德（Stevie Wonder）在曼德拉被关押期间创作的。为了促使曼德拉重获自由，史蒂维·旺德做出了不懈努力。

我不知道孩子们是否知道这首歌的由来。如果他们不知道，那他们是如此自然地把南非反种族隔离制的大众文化与国际价值观融合在一起！这首歌从史蒂维·旺德在好莱坞的工作室畅通无阻地飘到开普平原的学校里。那位最初被人们称为“小旺德”的盲人音乐家清楚地意识到，南非的历史传统跟他紧密联系，而非国大的发源地正巧就在纽约市的哈莱姆(美国纽约市曼哈顿岛东北部的黑人住宅区。——译者注)，非国大于100年前（1912年）在这里诞生。同年，美国黑人成立了全国有色人种协进会（NAACP），抱着与非国大相似的奋斗目标。

在摄制完这两首热情洋溢、激动人心的歌曲之后，我问几个孩子，他们为什么要这么热烈地赞扬曼德拉。

其中一个孩子告诉我，曼德拉为了南非“饱尝苦难，牺牲自己”。其他孩子异口同声地说，是他给他们带来了“自由”，尽管我不知道他们对“自由”这个词是如何定义的——他们在贫穷落后的小镇里上学，学校里面拥挤不堪，学生全是黑人。

大多数孩子在说到曼德拉时，仿佛在说他们在电视或电影上看到的超级英雄——如果他们看过电影的话，就仿佛他挥舞魔棒或使用超能力，仅凭一人之力，就推翻了南非白人的压迫和领导，就像耶稣一样，带领人们去往乐土。

曼德拉享受他们的热忱和奉承，但是同时他会告诉他们，他不是一个人在奋斗，他不是超人。

只有看过电影《曼德拉：漫漫自由路》或曼德拉这本同名自传的学习者，才会懂得曼德拉等人经过了多么漫长的斗争过程，克服了多少障碍；才会知道那些来自不同种族和背景的人们是如何为了自由而战，有多少人曾历尽艰辛、被关押囚禁，有的被严刑拷打甚至惨遭杀害；才会看到真实、完整的历史。不幸的是，他们的学校或文化系统不一定会把这段历史详细地教给他们。为了建立起这个即将为他们所继承的新南非，那么多的人做出了无私奉献，而这些宝贵的经验却时常会被只顾着向前发展的文化所忽略。

在这里，我想认真地总结自己从曼德拉身上学到的六个宝贵经验。

第一，我们要把他人和他人的需求看得跟自己和自己的需求一样重要。电影从政治层面和个人角度讲述了曼德拉的故事，讲述他如何走出农村去上小学、中学、大学和法律学校；作为一名律师，他如何为了那些遭到虐待和被剥夺权益的客户而奋斗。你还可以看到，甚至在他当上领袖后，他依然清晰地意识到，只要他的国家没有获得自由，他就永远都不会自由。

第二，集体行动是一种需求，单凭个人的反抗斗争行不通。他发现，凭他一人之力无法实现必须进行的变革。在电影中，曼德拉对朋友们，包括奥利弗·坦博、沃尔特·西苏鲁、艾哈迈德·卡特拉达以及其他同志说："要握拳头，手指少了不行；要建组织，人员少了不行。"

第三，你必须主动伸出手，向那些志趣相投的印度人、白人和南非白人伸出手，否则就不可能取得胜利。如果所有人都能意识到跨越种族和宗教界限和衷共济的价值，解放组织就会成为一支无往不利的军队。

第四，知己知彼、百战不殆。如果你希望战胜敌人，首先就要了解敌人。于是他积极学习南非荷兰语，赢得那些曾经对他心存畏惧的白人的支持。

第五，组织必须灵活变通，在实践中学习。也就是说，允许犯错，犯错后从中汲取教训，积极改正。非国大从开展非暴力运动改为采取暴力行为，从组织群众改为培养教育狱中的同志（这就是罗本岛被称为"罗本岛大学"的原因。）他因时制宜，在需要使用外交手段解决问题时，就使用外交策略；在需要采取武装斗争保卫人民时，就采取武装斗争。

他意识到，南非单靠自己的力量无法赢得自由，因为种族隔离制政府拥有非常强大的体系。于是，他和非国大向朋友伸出援手，向敌人伸出橄榄枝，向联合国和南非人、非洲人和世界各国人民寻求支援。

第六，你要千方百计地把敌人逼上谈判桌。尽管南非种族隔离制政府把积极分子们丢进监狱，企图孤立他们，但是曼德拉和战友们反而通过抵制运动和受到的制裁使政府孤立，迫使这个白人执政党接受谈判、释放囚犯并最终结束种族隔离制度。由此可见，这个经验非常关键。

这就是曼德拉教给我的六个经验。你可以问问自己，在那样的环境中你会怎么做，你会想出什么计划？

你有没有勇气像曼德拉一样始终不渝，冒着个人危险为自由而战？或者，你会不会袖手旁观，只关心自己的安危？

认真研究这段历史有助于你分析自己的过去。

曼德拉度过了漫长的一生。如果你问他，他在你这个年纪时是否想过自己可能要在监狱里度过漫长的成年时代，而后从囚犯一跃成为总统，他肯定会被你逗笑。如果他真的那么想，那就太荒谬可笑了。那就像一场难以想象的噩梦，一个不可能实现的梦想。

附　录 MANDELA LONG WALK TO FREEDOM

组织、地点和事件

非洲人国民大会（非国大）

African National Congress (ANC)

1912 年成立，原名南非土著人国民大会，1923 年更名为非洲人国民大会。1960 年被南非当局取缔，主要领导人流亡国外。1961 年决定开展武装斗争，并成立“民族之矛”军事组织，由曼德拉任总司令。1994 年 4 月，南非举行历史上首次多种族民主大选，非国大以近三分之二的绝对优势获胜，曼德拉作为该党主席出任总统。

非洲人国民大会青年联盟

African National Congress Youth League (ANCYL)

1944 年成立，创建人包括纳尔逊·曼德拉、奥利弗·坦博、安东·莱姆比德、沃尔特·西苏鲁和 A.P. 迈德。青年联盟成立后发起了非暴力反抗和反种族隔离罢工运动。1959 年部分成员脱离联盟，成立泛非主义者大会（PAC），1960 ~ 1990 年被政府取缔。

南非国民党

National Party

1914 年 7 月成立。创建人为詹姆士·赫佐格，党员绝大多数是荷兰人后裔。国民党主张“白人至上”，推行种族歧视和种族隔离政策。1998 年 9 月，为了和它不光彩的历史分开，更名改为新国民党（New National Party）。2004 年大选惨败，同年 8 月，新国民党宣布并入非国大。2005 年 4 月 10 日，南非国民党自行解散。

泛非主义者大会（非大）

Pan Africanist Congress (PAC)

成立于 1959 年，由非国大内反对非暴力政策的部分成员组成，倡导“非洲人治理非洲”的理念。1960 年 3 月，在沙佩维尔大屠杀中，组织中的 69 名手无寸铁的示威者被警察枪击致死。1960 年 4 月被南非当局取缔，主要领导人流亡国外。1990 年恢复合法地位。

民族之矛

Umkhonto we Sizwe (MK)

成立于 1961 年，是非国大的军事力量，由曼德拉担任第一任总司令。1994 年南非民主选举后解散，后被编入南非国防军。

罗本岛

Robben Island

罗本岛是南大西洋上的一座小岛，处于南非西开普省桌湾中，距开普敦海岸 7 公里。从 17 世纪开始，罗本岛成为殖民者关押土著反抗运动首领的地方。1960 年以后，先后关押过 3 000 多名黑人运动领袖和积极分子。1964 年 6 月，曼德拉被当时的南非白人政府判处终身监禁，开始在罗本岛服刑，直至 1982 年才被转移到波尔斯摩尔监狱。

维克多·维尔斯特监狱

Victor Verster Prison

位于开普敦东北35英里处。1988年8月，曼德拉因患上轻度肺结核入院治疗。12月9日，曼德拉出院，直接被押往维克多·维尔斯特监狱。囚禁他的是一座独立式单层别墅，位于葡萄酒产区。对曼德拉而言,"简直是介于监狱和自由之间"。2008年8月27日,在维克多·维尔斯特监狱大门外，一座曼德拉雕塑落成，这是唯一出现在监狱门外的曼德拉雕塑。

蔑视不公正法令运动

Defiance Campaign Against Unjust Laws

由曼德拉等人于1952年发起的非暴力运动。1952年4月6日，非国大两次要求政府撤销一切不公正的种族隔离法，但均未得到合理答复。1952年6月26号，蔑视运动正式开始。蔑视运动以不抵抗为宗旨，在整个过程中，志愿者不制造事端，不抵抗甚至自愿被关押，当天，曼德拉也被短暂关押，共有8 500多名各种族志愿者被捕。

利沃尼亚审判

Rivonia Trial

又称利沃尼亚叛国罪审判，1963～1964年开庭，10名大会联盟成员被控蓄意破坏罪。1963年7月11日，在约翰内斯堡的利沃尼亚郊区立里斯里夫农场，6名"民族之矛"高级指挥官被捕。曼德拉当时已因煽动罪和非法离境罪被监禁，但仍然受到牵连。他并没有作为当庭证人出庭接受盘问，而是于1964年4月20日在码头上发表了声明，即后来闻名于世的演说《我已作好牺牲的准备》。1964年11月，8名被告被判终身监禁。共计221项罪名。

“曼德拉世纪”年表 MANDELA LONG WALK TO FREEDOM

1912年1月8日，“南非原住民国民大会”（非国大的前身）在布隆方丹成立，参照英国议会的结构，分为上议院和下议院。其主要领导人此前业已在纽约会晤。同年，全国有色人种协进会（NAACP）在美国诞生。“曼德拉世纪”就此拉开帷幕。

1913年，在英国殖民者的统治下，第一部种族主义法律出台，尤其是强制非洲人待在自己的土地上的《原住民土地法》。

1918年7月18日，在科萨族滕布王室远支的姆卫佐村，曼德拉呱呱坠地。世界和南非在第一次世界大战后都发生了变化。在来自南非国民党的巴里·赫佐格的领导下，南非白人麾下很快就汇聚了一批精英政治家、激进分子、知识分子和宗教领袖，还拉拢了阿非利堪人兄弟会。就在曼德拉在东开普敦度的农村里无忧无虑地度过童年时，随着纳粹党和意大利法西斯的崛起，世界陷入动荡和混乱之中。整个世界即将进入大萧条时期。南非的失业率不断增长，贫困问题日益严重。

1921年，罢工的白人工人遭到枪杀。两年后，英国强制南非实施《原住民事务法》，限制非洲人进入城镇。

1923年，“南非原住民国民大会”正式更名为非洲人国民大会（非国大），把各民族和部落联合起来。

1927年，曼德拉9岁时父亲去世。他被送到滕布王朝穆克孜韦尼的“大王宫”，在摄政王科西·琼金塔巴·达林岱波的监护下成长。

1934年，16岁的曼德拉接受割礼并加入滕布王朝。曼德拉被送到克拉基伯雷寄宿学院和赫拉德顿完成中学学业。

1939年，第二次世界大战欧洲战区战火正酣。当时曼德拉就读于福特海尔大学，他作为学生会代表，第一次踏进政治领域。

20世纪40年代，曼德拉因加入校园联合抵制组织而被退学。

1941年，为了反抗养父安排的一桩包办婚姻，他跑到约翰内斯堡，在那里找到第一份工作，在煤矿做守夜人。后结识沃尔特·西苏鲁，西苏鲁给他找了一份律师助理工作。

1942年，他再次考入大学，1943年毕业。

1944年，他正式加入非国大，很快就帮助非国大建立起一个更为激进的组织青年联盟，促进该组织在维护非洲人权益的斗争中更加积极主动。同年，他和伊夫琳·梅斯结婚，生下4个孩子，居住于奥兰多（后更名索维托）。

1948年，由白人组成的南非国民党上台，开始实施种族隔离制，曼德拉当上了青年联盟总书记，开始学习法律。

20世纪50年代，按照种族隔离制的族群住区法，南非开始实施强制搬迁，隔离不同种族。曼德拉在青年联盟内部的地位不断上升，1951年，当选青年联盟主席。

1952年，非暴力反抗运动“蔑视不公正法令运动”爆发，参加运动的全都为志愿者，而曼德拉是“主要志愿者”。曼德拉遭到逮捕，被判缓刑。同年，他和奥利弗·坦博合伙开创了一家律师事务所。

1953年，曼德拉为非国大开展地下活动起草了被称为“M计划”的计划书。

1955年，非国大组建人民大会党，正式通过《自由宪章》。曼德拉密切关注会议进程。

1957年，他邂逅温妮，并坠入爱河。

1958年，他和伊夫琳离婚，几个月之后，和温妮·马迪克泽拉结婚。曼德拉被捕，在著名的“叛国罪审判”中受到指控。

1961年，曼德拉被判无罪。

20世纪60年代，抗议活动愈演愈烈。1960年，警察在沙佩维尔开枪打死69名非洲人。政府宣布进入紧急状态，并逮捕了2 000名激进分子，其中包括曼德拉。非国大和泛非主义者大会（PAC）被双双取缔，由白人投票建立南非共和国。政府加强对各自由组织的镇压。

曼德拉受到沙佩维尔大屠杀余波的波及被拘留，在未经审判的情况下被关押了6个月。

1962年，曼德拉领导非国大建立了武装组织“民族之矛”。他悄悄离开南非寻求支援，并接受军事训练。回国后，因美国中情局和英国情报机构向政府提供线索，他再次被捕，并被判处5年监禁。

1963年7月11日，警察袭击“民族之矛”的秘密会议场所，即约翰内斯堡郊区利沃尼亚立里斯里夫农场。最高领导人全部被捕，1964年以“蓄意破坏罪”受审。当时已经被收监的曼德拉也被当做利沃尼亚涉案人之一受审，他发表了一篇题为《我准备献身》的演讲。几名被告被无罪释放，而曼德拉和其他领导者被判处终身监禁，并被送到开普敦沿岸的罗本岛服刑。

在曼德拉的搭档奥利弗·坦博的领导下，非国大在流亡者中间建立根据地和指挥部。其他国家的激进分子悄悄来到南非从事秘密活动，至此，全球反种族隔离组织业已成形。

1969年5月12日～1970年9月14日，温妮·曼德拉入狱，度过了一生中最漫长、最痛苦的监狱生活。

1975年，曼德拉开始在狱中悄悄写自传。

1976年，随着索维托的学生站出来反抗强制学习南非荷兰语的条令，全国大规模示威游行爆发。黑人意识运动组织在史蒂夫·比克

(Steve Biko)的领导下成立，史蒂夫·比克1977年被捕后被警察杀害。随后数年，曼德拉和他的亲密战友在狱中进行艰苦卓绝的政治斗争。

1982年，曼德拉和非国大的领袖们被转移到波尔斯穆监狱。

1985年，南非前总统博塔提出，只要曼德拉愿意站出来宣称反对暴动就可以获得自由，但是遭到曼德拉的拒绝。曼德拉呼吁博塔停止国家暴力行为。同年，曼德拉因前列腺增大进行手术。随着非国大号召激进分子们将南非搅得难以管制，镇区各地爆发暴力抗议活动。国家再次进入紧急状态，此时，曼德拉跟政府部长和情报官员展开秘密谈判，准备着手政治改革。与此同时，非国大领袖和南非白人知识分子、商界领袖之间的秘密谈判也开始在南非国外举行。

1986年，58位最优秀的艺术家创作了“太阳城”，呼吁释放曼德拉。

1988年，伦敦举办了一场12小时的全球电视音乐会，庆祝曼德拉的生日。

1988年，曼德拉在狱中感染肺结核再次住院。出院后，他被转移到维克多·维尔斯特监狱的一栋房子里，到开普敦只有一小时的车程。他继续跟政府会晤，跟家人和非国大的成员们见面。

1990年2月，克莱尔宣布释放非国大和其他政治组织的成员们。

1990年2月11日的星期日，在被关押了27年半之后，曼德拉终于获释出狱。庆祝音乐会在温布利体育馆举行，规模浩大，有国际明星助阵。

1994年，曼德拉在南非第一次非种族歧视民主大选中当选总统。同年，《勇者曼德拉自传》出版。

1998年，曼德拉在生日当天宣布和格拉萨·马谢尔结婚。

1999年，5年总统任期期满，曼德拉卸任。

2013年7月18日，曼德拉在医院里度过生日，他的病情被诊断为“危险但是情况稳定”。他历经重重困难，活过了94岁。2013年9月1日，曼德拉出院。

南非简介

遥远的彩虹之国——南非

南非共和国（The Republic of South Africa）

南非位于非洲大陆的最南端，有“彩虹之国”的美誉。南非是非洲第一大经济体，国民在非洲拥有很高的生活水平，经济相比其他非洲国家相对稳定，也是非洲最安全的国家。2011 年加入“金砖国家”之列。

国　旗

南非国旗启用于 1994 年 4 月 27 日。由红、绿、蓝、白、黑、黄六种颜色组成，呈 V 形，流向一条平线。象征着聚合不同的南非民族，共同发展，一起走向今后的道路。红白蓝象征荷兰，代表荷兰对南非的影响，绿色代表土地与和谐，黄色代表金子，黑色代表黑人。6 种颜色象征南非“彩虹之国”的美誉。

国　徽

南非国徽启用于 2000 年 4 月 27 日。太阳象征光明的前程，展翅的鹭鹰代表上帝，象征防卫的力量。

国 歌

原国歌名为《天佑非洲》，1994 年 3 月 15 日批准。1995 年 5 月，南非正式通过新国歌，新国歌的歌词用祖鲁、哲豪萨、苏托、英语和南非荷兰语 5 种语言写成，包括原国歌《天佑非洲》的祈祷词，并以原国歌《南非之声》雄壮的高音曲调作结尾。

首 都

南非是世界上唯一同时存在三个首都的国家。

★ 行政首都：比勒陀利亚现已更名为茨瓦内，是南非中央政府所在地；

★ 立法首都：开普敦是南非国会所在地，是全国第二大城市和重要港口，位于西南端，为重要的国际海运航道交汇点；

★ 司法首都：布隆方丹为全国司法机构的所在地。

作者简介 MANDELA LONG WALK TO FREEDOM

艾美奖获得者、新闻解剖人丹尼·谢克特

丹尼·谢克特曾制作并执导了6部关于纳尔逊·曼德拉的纪录片，其中包括：

★《终获自由》（*Free At Last*）（1990年）；

★ 与制片人阿南特·辛格共同制作的《曼德拉在美国》（*Mandela in America*）（1990年）；

★ 以1994年南非大选为题材的《自由倒计时：改变南非的十天》（*Countdown to Freedom*）；

★ 以重聚罗本岛为题材的《充满希望的囚犯》（*Prisoners of Hope*）（1995年），与芭芭拉·库伯（Barbara Kopple）共同创作；

★《全民英雄》（*A Hero for All*）（1998年）；

★ 献给纳尔逊·曼德拉90岁生日的影片《马迪巴万岁》（*Viva Madiba*），丹尼担任副导演。

丹尼是唯一一位被曼德拉当成自己人的美国纪录片制作人。在从获释出狱和当选南非总统以来的几十年中，无论是在美国还是在南非，曼德拉都把丹尼当自己团队的一员。

1967 年，丹尼·谢克特在一次宣传活动中作为“伦敦招募者”被引荐给非国大和“民族之矛”。丹尼在波士顿组织了“非洲研究小组”，和包括非国大在内的南非各解放组织一起工作。作为一名电影制片人、新闻记者，他为“全球视野”频道创办了《当代南非》(*South Africa Now*) 栏目。该系列节目每周一期，报道南非未经审查的新闻资讯，该栏目在美国公共电视台和美国以外的 30 多个国家连续播出，时间长达三年，但当时在南非被禁播。他和摇滚音乐家小史蒂维·旺德一起组织了太阳城反种族隔离音乐会，后来还协助举办全球性质的“温布利音乐会”(XXX Wembley Concert)，欢迎曼德拉访问伦敦。

丹尼笔耕不辍，其中最突出的一本书叫做《看得越多，懂得越少》(*The More You Watch, The Less You Know*)。他曾经作为 ABC 新闻制作人获得艾美奖，在此之前，他在波士顿 WBCN 电台担任新闻部主任，大家称他“新闻解剖人丹尼·谢克特”。他为半岛电视台（Al Jazeera）撰稿，在英国广播公司（BBC）、半岛电视台（Al Jazeera）和英国路透社（RT）做新闻评论。丹尼刚刚完成一部长达 3 小时的纪录片《曼德拉的内心，漫漫自由路：纳尔逊·曼德拉故事的形成和意义》(*Inside Mandela: The Long Walk to Freedom: The Making and Meaning of Nelson Mandela's story*)。

丹尼·谢克特的博客地址：newsdissector.net，他是 MediaChannel.org 网站的主编，邮箱地址：dissector@mediachannel.org。